본격 헌법 먹방 여행
헌법을 꿀꺽 삼킨 사회

본격 헌법 먹방 여행
헌법을 꿀꺽 삼킨 사회

#태평양 한복판에서 물고기랑 먹방 찍게 된 사연은?
#겨우 헌법 전문 한 문장 먹방 #배 터지는 줄
#현웃 주의

씨드북

 차례

머리말 잘 먹겠습니다! 7

첫째 마을
헌법의 마음 숲
- 이야기보따리 풀기 17
- 헌법 전문은 헌법의 마음 21
- 치즈였다가 고양이 손톱이었다가 23
- 나를 찾아 떠나는 여행 29

둘째 마을
춤추는 민주주의의 동굴
- 꿀벌의 춤이 아름다운 이유 34
- 케이크 함께 먹기 38
- 바위를 뚫는 물방울 이야기 41
- 고양이 목에 방울 달기 44

셋째 마을
허생의 섬
- 치킨 한 마리로 세상 읽기 49
- 허생전을 어떻게 볼까? 51
- 도전! 경제를 성장시켜라 56

넷째 마을 **재스민의 사막**	으르렁 빠빠긱	62
	재스민과 하킴의 법	65
	내 품위를 지켜 주는 법	68
	인권을 꿀꺽 삼킨 헌법	72
다섯째 마을 **통일과 평화의 고원**	북한 주민은 외국인일까?	76
	엉킨 실타래 풀기	79
	평화적 통일과 민족의 단결	82
	관계의 그물망 속 대한민국	86
	세계로 뻗는 대한민국	90
마지막 마을 **전문과 본문 사이** **국경 지대**	공주님과 왕자님	93
	못다 한 이야기	96
	우리가 꿈꾸는 나라	99
여행 뒷얘기	결코 끝나지 않을 우리들의 이야기	103
부록	내가 만드는 헌법 전문	108

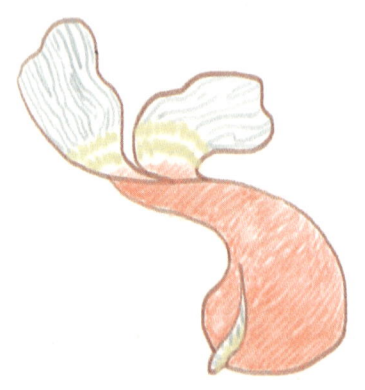

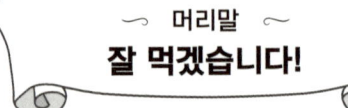

머리말
잘 먹겠습니다!

안녕하세요! 저는 지금 태평양 한가운데에 나와 있습니다. 오늘 방송은 라이브로 진행되고요. 이따 게스트 모실 거니까 기대하세요.

쉿! 게스트가 지금 오고 있어요. 저길 보세요. 수면 가까이에서 유유히 헤엄을 치는 물고기가 보이나요? 방금 물고기가 수면에 둥둥 떠다니는 무언가를 봤어요. 햇빛을 받아 반짝이며 출렁이는 바닷물 위에 도대체 무엇이 떠다니는 걸까요? 호기심 많은 물고기는 그대로 뛰어올라 '그것'을 보았습니다. 그러더니 그 속으로 풍덩!

대한민국헌

[시행 1988. 2. 25.] [헌법 제10호, 1

전문

역사와 빛나
유구한 전통에 대한
은 3·1운동의
법통과 불의에 항거한 4·
하고, 조국의 민주개혁과
에 입각하여 정의·인도와

10.29., 전부개정]

우리 대한국민
·민국임시정부의
민주이념을 계승
·가적 통일의 사명
포애로써 민족의

나는 우리 대한국민은 3·1운동으로 건립

잘 먹겠습니다!
꿀꺽.

지금부터 본격 헌법 먹방을 시작합니다. 겨우 헌법 전문 하나 먹방! 하지만 한 번에 못 먹을 엄청난 이야기 속을 누비며 하나씩 하나씩 삼킬 겁니다.

물고기가 꿀꺽꿀꺽 헌법 전문을 삼키는 먹방을 보러 오기 전에 할 일이 있어요. 일단 부모님께서 걱정하지 않으시도록 먹방 여행 간다고 미리 말씀드리기. 고양이 밥 충분히 주고 뽀뽀해 주기. 그리고 배낭 속에 여러분의 꿈과 희망과 용기를 담아 오기! 여러분이 꿈꾸는 것, 원하는 것을 가져오지 않으면 여행지에서 길을 잃어요. 우리가 챙긴 먹방 지도는 여러분의 꿈과 희망과 용기가 없으면 보이지 않으니까요.

멀리 떠난다고 걱정하지는 마세요. 일단 가볍게 헌법 '전문'만 둘러볼

거니까요. 헌법은 긴 줄글로 이루어진 전문과 130개의 이야기를 담은 본문으로 나눌 수 있어요. '전문'은 글자 그대로 '앞에 쓴 글'을 뜻해요. 130개의 이야기 '앞'에서 헌법을 만드는 다짐 같은 것을 적어 둔 게 전문이지요. 본격적인 헌법 이야기로 들어가는 관문 같은 거랍니다.

 아, 참! 물고기가 헌법 전문을 다 먹어 버리면, 사람들은 헌법 전문의 내용을 볼 수 없게 돼요. 다행히 물고기는 글자를 소화할 수 없답니다. 음……. 조금 안 내키겠지만 물고기가 응가하면 나오는 글자를 모아야 해요. 그 글자를 모두 모아야 사람들이 다시 헌법 전문을 볼 수 있으니까요.

 물고기가 헌법 전문의 글자들을 삼키려나 봐요. 서둘러 떠납시다.

~ 첫째 마을 ~
헌법의 마음 숲

#헌법 갬성 #잠자는 숲속의 헌법
#야방 #구독과 좋아요는 힘이 됩니다
#ㅇㅈ #ㅇㅇㅈ

이야기보따리 풀기

이를 어쩌죠? 본격 '물고기가 헌법 먹는 먹방'인데, 아까 물고기가 흩트려 놓는 바람에 헌법 전문이 없어졌어요. 헌법 전문의 낱말들은 동심원을 그리며 섬의 해안가를 따라 자리 잡은 이 마을 저 마을로 퍼졌어요.

물고기가 글자를 발견했는지 이동하고 있어요. 우리가 있는 곳에서 가장 가까운 마을 쪽이군요. 우리도 따라가 보도록 해요. 그곳에는 '헌법의 마음 숲'이라는 숲이 있는데, 절경이 펼쳐진다는군요. 일단 마을까지 가면서 헌법 전문 이야기를 계속해 볼게요.

아까 보셨겠지만, 헌법 전문은 참 길어요. 그 긴 글이 하나의 문장입니다. 헉헉 숨이 차요. 제가 지금 노를 젓느라 숨이 찬 건가요? 아니면 헌법 전문의 긴 글을 떠올려서 숨이 찬 건가요?

아무튼 헌법 전문은 길어요. 하지만 전문 속에 시간과 공간을 넘나드는 이야기가 숨어 있어요. 그렇게 생각해 보면 별로 길지 않은 문장이지요. 헌법 전문에는 과거, 현재, 미래가 그리고 우리나라와 전 세계가 담겨 있거든요.

잘 들어 보세요. 전문 속에는 3·1 운동처럼 과거 우리 조상들의 이야기가 있어요. 그렇게 우리나라 이야기를 하는가 싶더니 세계 평화 이야기를 하며 시야를 넓혀요. 그러더니 타임머신을 타고 미래까지 가서는, 대한민국 미래 후손들의 행복까지 말하고 있어요. 진짜로 생각이 종횡무진 돌아다니죠?

헌법 전문의 또 다른 특징이 있어요. 전문은 마치 이야기책처럼 생겼어요. "먼 옛날에"로 시작해서 "행복하게 살았답니다"로 끝맺는 동화랑 비슷하지 않나요? 이 내용을 짧게 줄이면 그대로 SNS에 올려도 될 것 같아요.

가만히 '법'이라는 말을 떠올리면 가장 먼저 생각나는 형식이 제몇조, 제몇항 이런 거잖아요. 우리가 잘 알고 있는 "대한민국은 민주공화국이다"라는 표현을 헌법에서 찾아보면 "제1조 대한민국은 민주공화국이다"라고 되어 있어요. '제1조' '제1항' 같은 형식을 조문이라고 해요. 그런데 헌법 전문에는 이런 딱딱한 말이 없어요. 헌법 전문은 참 특이하게 생겼어요.

생긴 게 이러니까 헌법 전문을 놓고 헌법이네 아니네 하며 다툼도 있었답니다. 어떤 학자들은 "전문은 헌법이 아니야"라고 말했어요. 제1조부터 제130조로 만들어진 헌법 조문만 헌법이고, 헌법 전문은 그 앞에 장식처럼 붙여 놓은 거라고 했어요. 식전 빵은 주요리와 다르다는 거죠.

이에 질세라 다른 학자들은 "전문도 헌법이야"라고 말했어요. 그들은 비록 헌법 전문이 이야기처럼 생겼지만, 헌법의 전체 내용을 이끌어 주고 있다고 보았어요. 식전 빵도 주요리와 한 세트로 '오늘의 요리'라고 보는 거죠.

그러니까 다시 정리하면요. 한쪽에서는 전문과 조문을 나눠서, 조문만 헌법이라고 보았어요. 반대로 다른 쪽은 전문과 조문 모두 헌법이라고 보았어요. 전문도 헌법이라면 재판에서 기준으로 쓸 수 있어요.

아직 헌법 전문의 내용을 말하기도 전에 그 존재를 두고서도 말이 많네요. 헌법 전문은 그 자체로 이야기보따리인가 봅니다.

여러분은 어떻게 생각하세요? 전문도 헌법의 내용일까요? 아니면 그저 헌법 앞에 멋들어지게 써 놓은 말일까요?

참고로 헌법 전문을 두고 미국 연방 대법원과 우리나라 헌법재판소는 완전히 다른 입장을 보여요. 두 법원이 내린 서로 다른 결정을 보여 드릴게요.

엄격하게 말해서 헌법 전문은 헌법이 아니다. 그것은 헌법 앞에 있을 뿐이다. 헌법 전문을 정부 권력의 근거로 삼을 수 없다. 이뿐만 아니라 기본권 보장의 근거로 삼을 수도 없다.

— 미국 연방 대법원이 내린 1905년 결정 중에서

우리 헌법의 전문과 본문의 전체에는 최고 이념이 담겨 있다. 이것은 헌법을 비롯한 모든 법을 해석하는 기준이다. 그리고 모든 국가 기관과 국민이 존중하고 지켜 가야 하는 최고의 가치 규범이다.

— 한국 헌법재판소가 내린 1989년 결정 중에서

오늘날에는 많은 학자들이 전문도 헌법이라고 보고 있어요. 한국 헌법재판소 결정과 마찬가지로요. 물론 나라마다 입장은 다를 수 있어요. 미국에서는 여전히 헌법 전문을 단순한 장식처럼 보니까요.

그렇다고 어느 쪽 입장이 맞고 다른 쪽은 그르다고 할 수는 없어요. 어느 입장을 따르더라도 그건 출발점에 불과하니까요.

아무튼 '우리나라'에서는 헌법 전문을 중요하게 생각하고 있어요. 그러니 전문을 통해 인권을 보장하고 나라의 기본 질서를 잘 만들어 가면 됩니다.

헌법 전문은 헌법의 마음

이제 헌법의 마음 숲이 보이네요. 해안가에 모래밭이 조금 있고 곧바로 울창한 숲이 저 멀리까지 펼쳐지는 게 보입니다.

그러고 보면 헌법 전문은 마음과도 같아 보여요. 헌법의 조문들이 구체적인 이야기를 하면서 신체의 자유니 양심의 자유니 이런 것들을 지켜 주고 있거든요. 그런데 전문은 구체적인 이야기가 커다란 줄기 속에서 조화를 이루도록 해 줘요. 음…… 그러니까 조문은 나무고, 전문은 숲이라고도 할 수 있겠네요.

마음은 몸을 움직이게 하지만, 또 몸이 있어야 마음이 생겨난답니다. 마치 몸과 마음처럼 헌법 전문과 다른 조문들도 하나가 되어 우리를 지켜 줘야 해요.

그렇다면 헌법 전문은 어떤 마음을 가지고 있을까요? 다시 헌법 전문을 들여다보아요. 첫째로, 전문에는 우리가 헌법을 만든 배경과 이어받으려는 정신이 담겨 있어요. 둘째로, 대한민국을 만들고 또 헌법을 만드는 목적도 들어 있어요. 셋째로, 헌법을 어떻게 만들었고 이후에 고

쳤는지도 전문을 보면 알 수 있어요. 긴 문장이지만 뼈대는 간단하죠?

물론 헌법 전문에는 다른 내용들도 더 담겨 있어요. 그 내용에 대해서는 우리가 계속 여행을 하며 마을을 지날 때마다 함께 얘기해 보면 좋을 것 같아요.

지금 한 말 조금 복잡할 수 있으니까 여기 모래밭에 그려 볼게요. 공짜로 알려 주는 대신 문제를 풀어 보세요.

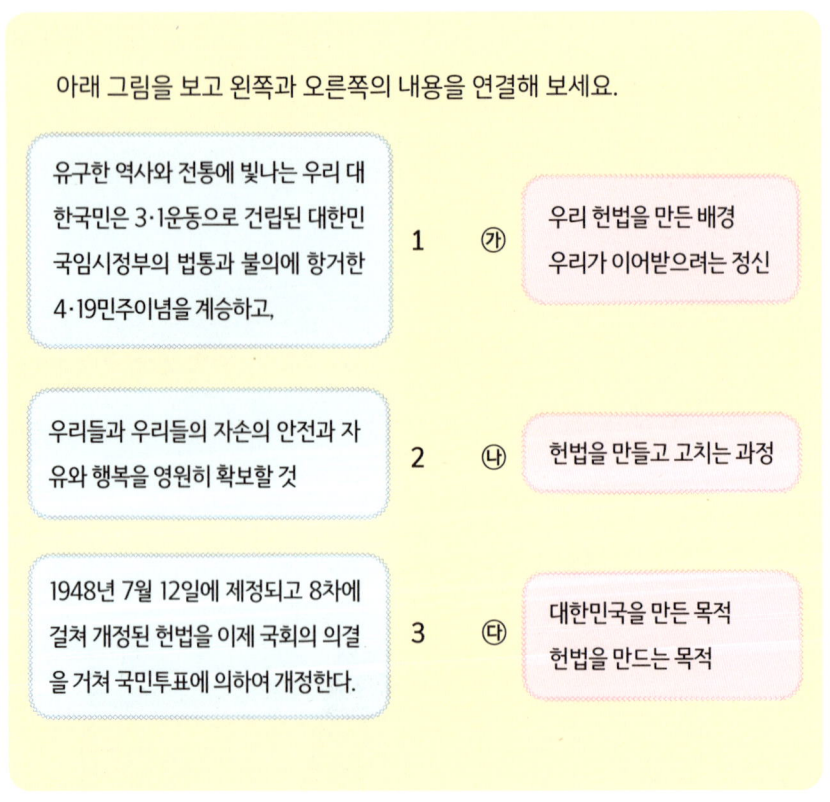

정답을 맞혔나요? 맞아요. 정답은 1-㉮, 2-㉰, 3-㉯입니다. 쉽죠?

치즈였다가 고양이 손톱이었다가

그나저나 이제 하늘에 달이 떴네요. 여러분은 달을 보면 어떤 생각이 드나요? 1989년에 만든 영국 애니메이션 〈월레스와 그로밋〉에서는 달을 치즈로 그렸더군요. 월레스와 그로밋은 크래커를 먹으려다가 치즈가 떨어진 것을 깨닫죠. 둘은 밤하늘에 떠 있는 노란 치즈, 그러니까 달을 향해 모험을 떠납니다.

하지만 어떤 고양이는 치즈 같은 보름달이 아닌 다른 달을 기다리고 있어요. 2016년에 일본에서 만든 『고양이 손톱과 밤』이라는 그림책 속 고양이들은 고양이 손톱처럼 변하는 초승달을 기다려요. 그리고 이렇게 말하죠. "영락없는 고양이 손톱이었다가도 금세 변덕을 부리니까요."

달의 모습이 변하듯이 헌법의 마음인 전문도 변해 왔어요. 실제로 헌법 전문은 몇 번이나 바뀌었답니다. 우리 마음도 한결같지는 않잖아요.

앗! 지금 물고기가 무언가 발견했어요. 삼키려고 합니다!

'유구한 역사와 전통'이라는 글귀를 꿀꺽 삼켰군요. 우리 헌법 전문은

"유구한 역사와 전통에 빛나는……"으로 시작하지요. 처음 삼킨 말이 첫 낱말이라 오해하실 수 있는데요. 연출된 거 아닙니다.

물고기가 이동하니까 저도 따라가며 계속 이야기를 해 볼게요. '유구한 역사와 전통'이 무슨 뜻이냐면요. 이 말은 '오랜 역사와 전통'이라고 이해하면 돼요. 우리 역사를 반만년 역사라고 하잖아요. 음? 근데 지금은 아직 2000년대인데 어떻게 반만년이죠?

그건 기원전부터 날짜를 세서 그래요. 우리 역사에서 제일 처음 만든 국가는 고조선이라고 해요. 단군 할아버지가 고조선을 만든 때는 기원전 2333년이라고 해요. 올해 2020년은 정확히 말해 기원후 2020년이고요. 예수가 태어난 해를 기준으로 삼아 그 전은 기원전, 그 후는 기원후라고 하거든요. 예수가 태어난 해는 기원후 1년이고, 바로 전해는 기원전 1년이라고 해요. 그러니까 고조선은 올해로부터 4353년 전, 무려 약 5000년 전에 세워진 거예요. 그래서 우리나라는 1만 년의 절반을 가리키는 '반만년'의 역사를 가졌다고 할 수 있는 것이지요.

이야기를 계속해 볼게요. 지금으로부터 2100년 전쯤 고조선이 한나라에 의해 멸망했어요. 그때부터 여러 부족 국가들이 생겨나 세력을 겨루다가 고구려, 백제, 신라로 정리됩니다. 1300년 전 쯤엔 신라가 삼국을 통일하고, 북쪽에는 발해라는 새로운 나라가 생겨요. 이후 발해가 멸망하고 신라, 후백제, 태봉의 후삼국 시대가 열렸어요. 후삼국을 통일한 건 고려였어요. 하지만 고려는 이성계에 의해 무너지고, 이성계는 약 620년 전에 조선을 세워요.

조선은 약 500년 동안 유지됐어요. 조선 말기에 이르러 동학 농민 운동 등 근대적 개혁이 일어나긴 했지만 끝내 성공하지는 못했어요. 그러다 근대 문물을 받아들이며 대한제국으로 새로 탄생했지만 일본의 침략으로 곧바로 식민지가 되었어요.

이 책에서는 그다음부터의 이야기를 주로 다룰 거예요. 나중에 자세히 다루겠지만 말이 나온 김에 계속 '유구한 역사와 전통'을 이어 가 볼게요. 아직 물고기가 헤엄만 치고 있기도 하고 또 미리 전체를 보는 것도 좋으니까요.

1919년 식민지 조선에서 우리는 3·1 운동을 통해 독립 의지를 보이고, 그 영향으로 중국 상하이에 대한민국 임시 정부가 생겨요. 임시 정부는 일제에 대해 무장 투쟁을 벌이고 외국의 힘을 빌려 보려 뛰어다니기도 했어요.

1945년에 제2차 세계 대전이 끝나면서 우리도 해방이 되었지만 미국이 대신 통치하는 미군정기를 3년간 거쳐야 했어요. 1948년 드디어 헌법을 만들고 대한민국 정부가 출범했지만, 북한과 함께하지 못했어요. 북한은 '조선민주주의 인민공화국'이라는 이름으로 따로 정부를 꾸립니다. 제2차 세계 대전 후 세계적인 대립 구도 속에 1950년, 우리는 민족끼리 싸우는 6·25 전쟁을 거칩니다. 3년의 전쟁 끝에 황폐해진 땅에서 그래도 열심히 살았어요.

그러나 첫 대통령인 이승만이 독재를 하고 국민을 탄압하자, 1960년 4·19 혁명이 터져서 이승만은 물러납니다. 기쁨도 잠시, 5·16 군사 쿠데타로 박정희가 정권을 잡고 대통령이 되었어요. 그다음에도 전두환 대통령으로 이어지는 군사 정권을 거치면서 계속 힘든 시기를 거치지요.

  그사이 경제가 발전하는 등 좋은 일도 있었어요. 하지만 우리는 자유를 원했고, 1980년 5·18 광주 민주화 운동과 1987년 6·10 항쟁을 거쳐 비로소 민주주의 국가를 이루었어요. 이후에도 우리의 노력은 계속되고 있답니다.

한눈에 보는 연표 정리

기원후

- 676년 신라, 삼국 통일
- 698년 발해 건국
- 918년 고려 건국
- 1392년 고려 멸망, 조선 건국
- 1897년 대한제국 성립
- 1910년 국권 피탈
- 1919년 3·1 운동, 대한민국 임시 정부 수립
- 1945년 8·15 광복
- 1948년 대한민국 정부 수립
- 1950년 6·25 전쟁
- 1960년 4·19 혁명
- 1980년 5·18 광주 민주화 운동
- 1987년 6·10항쟁, 지금의 헌법 만들어짐

기원전

- 2333년 고조선 건국
- 108년 고조선 멸망
- 57년 신라 건국
- 37년 고구려 건국
- 18년 백제 건국

우리 긴 역사를 보니 어떤 생각이 드나요? 역사적 사건은 때로 우리가 이어받으려는 정신을 보여 줘요. 그래서 새로운 내용을 전문에 적었다가도 나중에 다시 마음이 바뀌어 지우기도 했어요.

4·19 혁명 이후의 내용만 봐도 많은 변화를 겪었답니다. 1962년에는 박정희 대통령의 정치적 정당성을 확인하기 위해 5·16 쿠데타를 '혁명'이라는 이름으로 전문에 넣었어요. 1972년에는 '조국의 평화적 통일의 역사적 사명에 입각하여 자유민주적 기본질서를 더욱 공고히 하는'이라는 내용을 집어넣었어요. 1980년에는 전두환이 대통령이 되면서 '4·19 의거'와 '5·16 혁명'을 전문에서 지웠어요. 박정희 정부와는 거리를 두고 싶었던 겁니다. 1987년 지금의 헌법이 탄생하면서 4·19는 전문에 부활합니다.

헌법 전문의 많은 변화는 권력자의 욕심 때문에 이루어졌지만, 마지막 '87년 헌법'에서는 혁명 정신을 높이려는 의지가 반영됐어요. 이렇게 헌법 전문의 모습은 변해 왔답니다. 때로는 반달처럼, 때로는 초승달처럼, 때로는 보름달처럼 말이에요.

나를 찾아 떠나는 여행

 아, 지금 또 물고기가 헌법 전문을 찾아서 삼키려 해요. 두 개를 동시에 삼키는군요! '3·1운동'과 '대한민국임시정부'를 삼켰어요.

 둘의 공통점은 헌법 전문이 직접적으로 말하는 역사적 사건이라는 것이에요. 직접 언급된 사건 중에서는 가장 오래된 것이기도 하고요.

 그런데 조금 궁금해져요. 긴 역사 속에서 왜 하필이면 최초의 국가였던 고조선도 아니고, 만주 벌판을 누빈 고구려도 아니고, 대한민국과 가장 가까운 시기인 대한제국도 아닌, 암흑기를 언급했던 걸까요? 3·1 운동과 대한민국 임시 정부는 일제 강점기에 우리가 저항한 뼈아픈 기억인데 말이에요.

 그것은 처음으로 군주국을 벗어나 공화국으로 접어든 시기였기 때문이에요. 국가 차원에서 공화국을 선포하고, 국민을 더 이상 신하가 아니라 국가의 주인이라고 보았기 때문이에요.

 대한민국 임시 헌장은 우리 역사에서 처음으로 왕을 부정했어요. 왕을 모시는 나라를 '군주국'이라고 하고, 그렇지 않은 나라를 '공화국'이라고 해요. 한 사람의 마음대로 국가의 운명이 좌우돼서는 안 되겠지요? 만일 그렇게 된다면 왕이나 독재자가 아닌 다른 사람들은 모두 무시를 당하게 되니까요.

공화국이 되려는 마음을 처음 담았던 대한민국 임시 헌장, 그리고 그 뿌리인 3·1 운동이 헌법에서 중요한 이유는 바로 여기에 있답니다. "우리는 모두 소중해"라는 공화국 정신을 헌법이 이어 가고 있는 것이에요. 지금의 헌법 제1조도 이것을 확인하고 있어요. "대한민국은 민주공화국"이라고 하니까요.

앗! 지금 물고기가 또 무언가 삼켰어요.

역시 때맞춰 필요한 말을 찾아서 먹는군요. 아이 착해라. 하지만 여러분, 이건 절대로 연출된 게 아닙니다.

아무튼 특별히 4·19 혁명을 전문에 적은 이유는 무엇일까요? 바로 '불의에 항거한', 다시 말해 옳지 않은 일을 고치려는 정신을 드높이는 것이에요. 4·19 혁명을 통해 우리는 대통령의 독재와 부정 선거에 온몸으로 저항했지요. 국민이 국가와 헌법을 스스로 지키는 이러한 권리를 '저항권'이라고 해요. 그래서 4·19는 헌법 조문에 없는 저항권을 인정하는 근거이기도 해요. 여기에서도 "우리 모두는 소중해"라는 마음이 나타나 있어요. 나아가 "소중한 우리들의 공동체를 우리 손으로 직접 지킬 거야"라는 또 다른 중요한 마음도 담겨 있답니다.

과거 이야기는 여기에서 그치지 않아요. 최근에도 우리 정부에서 헌법을 고치자고 의견을 낸 적이 있어요. 전문에 다른 역사적 사건을 넣자는 주장도 이때 나왔어요. 민주주의의 상징인 5·18과 부마항쟁을 새로 덧붙이자는 것이었어요. 우리의 소중한 마음을 전문에서 표현하기 위해 많은 이야기가 오가고 있네요. 여러분이 담고 싶은 마음은 어떤 것인가요? 또 그것을 나타내는 역사적 사건은 무엇일까요?

헌법 전문을 보니 우리 역사가 담겨 있고, 그 역사를 우리가 살아가는 힘으로 삼고 있지요? 이런 모습을 보면 어느 시인의 시를 떠올리게 됩니다.

> 나였던 그 아이는 어디 있을까.
> 아직 내 속에 있을까 아니면 사라졌을까?
> ― 파블로 네루다의 시집 『질문의 책』 중에서

나였던 그 아이는 어떻게 되었을까요? 그 아이는 아직 내 속에 있고, 나를 더욱 성장시키고 있어요. 마치 헌법 전문처럼 말이에요. 우리가 태어나기도 전에 생긴 사건들이 헌법 전문에 남았고, 그때의 마음이 "우리 모두는 소중해"라며 지금의 마음을 요동치게 하고 있답니다.

 물고기가 이제 지쳤는지 쉬기 시작하네요. 오늘 여행은 일단 여기서 마치고, 내일 물고기가 이동할 때 다시 떠나기로 해요.

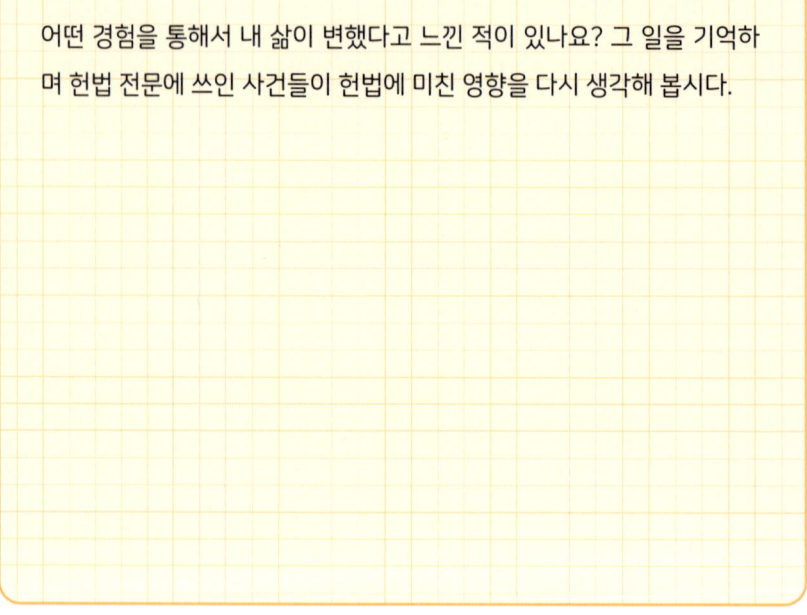

어떤 경험을 통해서 내 삶이 변했다고 느낀 적이 있나요? 그 일을 기억하며 헌법 전문에 쓰인 사건들이 헌법에 미친 영향을 다시 생각해 봅시다.

~ 둘째 마을 ~
춤추는 민주주의의 동굴

#정치그램 #핵인싸템

#도전 #설렘 #소통해요

꿀벌의 춤이 아름다운 이유

안녕하세요. 먹방으로 시작했는데 점점 여행 브이로그가 되어 가고 있네요. 재미있으니까 상관은 없습니다. 날이 밝자마자 물고기가 헤엄치기 시작했어요. 춤추는 민주주의의 동굴 쪽으로 이동하는군요.

어제부터 가만히 따라가며 보니까 물고기가 헤엄치는 모습이 춤추는 모습 같기도 하네요. 함께 저 율동을 따라해 볼까요? 둠칫 두둠칫.

춤에는 우리의 생각이 담겨 있어요. 멋진 동작을 해냈다는 성취감이나 즐거움만 주는 게 아니에요. 예를 들어 탈춤은 조선 시대에 양반들을 풍자하고 서민들의 힘든 생활을 표현하는 수단이었어요. 그런가 하면 강강술래는 임진왜란 당시 조선의 군사가 많은 것처럼 보이게 하려고 이용되기도 했어요.

춤 이야기가 나와서 말인데, 꿀벌의 춤을 빼놓을 수가 없습니다. 혹시 꿀벌의 춤을 본 적이 있나요? 집으로 돌아온 꿀벌이 엉덩이를 씰룩이며 춤을 출 때가 있어요. 하나-둘! 하나-둘! 스텝도 밟습니다. 위에서 내려 보면 8자를 그리며 빙글빙글 돌아요. 즐거운 일이라도 있는 걸까요?

꿀벌의 춤은 방향을 알리기 위한 것이에요. 꿀을 발견하면 춤을 춰서 방향을 알려 줘요. "이쪽으로 가면 꿀을 가진 꽃이 많아!" 이사를 할 때도 춤으로 말해요. 괜찮은 집터를 찾고 돌아와 다른 꿀벌에게 방향을 알려 줘요. "괜찮은 곳을 봤어. 저쪽으로 가자!"

그런데 좋은 집터를 발견하러 떠났던 꿀벌들이 하나둘씩 돌아와요. 서로 더 좋은 장소를 찾았다고 말해요. 어떻게 이사 갈 곳을 정할까요? 그때엔 다른 벌들이 직접 둘러보고 더 마음에 드는 집터를 골라요. 심지어 이때에는 여왕벌도 간섭하지 않아요.

우리가 공동의 문제를 정할 때 다 함께 정하는 것을 민주주의라고 해요. 꿀벌들은 이사를 어디로 갈지 정할 때 민주주의를 따른 거예요. 우리도 민주주의에 따라 학교 앞을 지나는 자동차의 속도를 제한해서 학생의 안전을 지키는 법을 만들어요. 가족끼리 집안일을 나눌 때, 학급에서 청소 당번을 정할 때도 민주적으로 결정해요.

민주주의는 정치 원리예요. 공동체 안에서 중요한 결정을 하는 게 정치랍니다. 우리 마을에 쓰레기 처리장을 지을지, 쌀을 외국에서 수입할지, 고속철도를 건설할지 같은 문제가 모두 정치 문제예요.

그런데 고만고만한 사람들이 모여서 공동체에 필요한 결정을 하는 것이 반드시 좋을까요? 똑똑한 사람이 결정하면 더 좋지 않을까요? 시험이 끝나고 답을 확인했을 때, 더 많은 친구가 쓴 답이 맞는다는 보장은 없어요. 혼자서 다른 답을 적은 친구가 우리 반에서 공부를 제일 잘한다면, 그 답이 더 믿음직하겠지요.

 하지만 민주주의는 '정답'을 맞히는 것과는 달라요. 민주주의는 우리가 '원하는 것'을 찾아 가는 과정이니까요. 사회 시험에는 정답이 있지만, 실제 사회에는 정답이 없어요. 쓰레기 매립장을 어느 지역에 건설하면 좋을지에 대해서나, 우리 반 체육 시간에 축구를 할지 피구를 할지에 대한 정답은 없어요. 여러 의견을 듣고 모두가 더 원하는 걸 찾을 뿐이에요.

 그래서 우리는 민주주의를 이야기할 때, 서로를 존엄한 사람으로 여겨요. 스스로 결정할 자유를 인정하죠. 신분, 재산, 성별, 인종 등에 상관없이 평등하게 대해요. 그것이 민주주의의 기본 정신이에요. 꿀벌의 춤은 꿀벌들이 서로를 존엄하게 여기고, 결정할 자유를 인정하고, 평등하게 대하기에 아름답답니다.

 헌법 전문도 이 점을 잘 알고 있어요. 그래서 불의에 항거한 4·19 민주 이념을 이어받겠다고 말하고 있지요. 또 조국의 민주 개혁이라는 사명에 따라 자유민주적 기본 질서를 더욱 튼튼히 다진다고도 말해요.

34~36쪽에서 언급된 말들을 다음 표에서 골라 보세요. 그 말들이 어떤 뜻인지 한번 생각해 봐요.

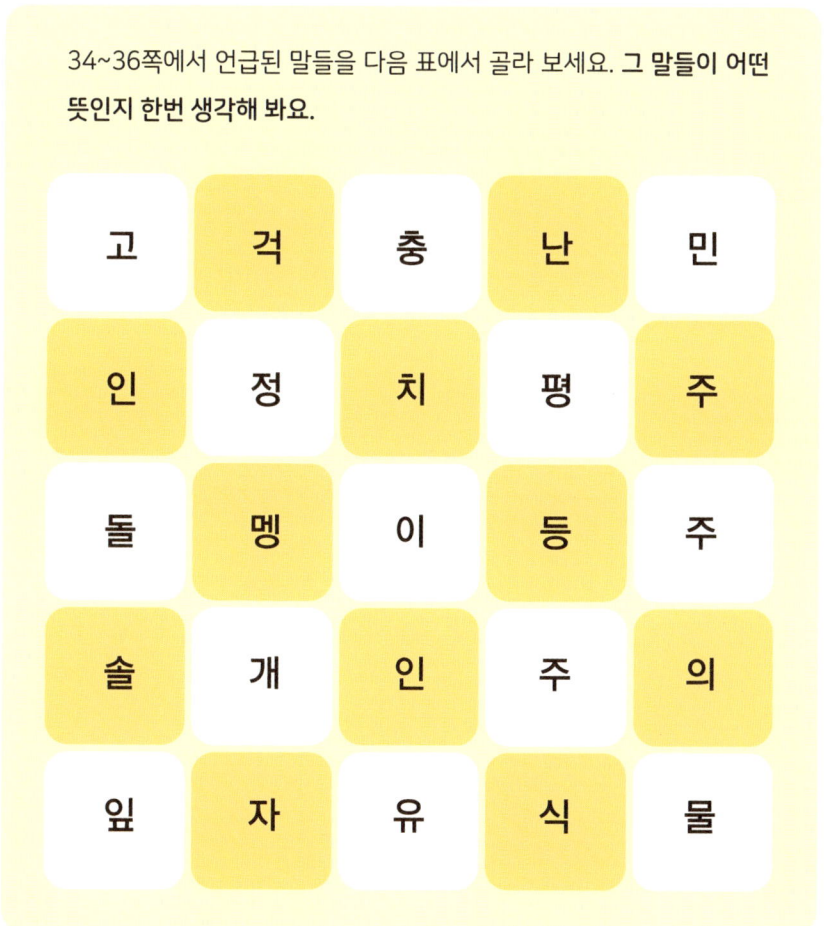

케이크 함께 먹기

민주주의를 향해 다가가는 노력이 있었고, 또 헌법에도 그것이 반영되어 있지만 오늘날처럼 민주주의가 퍼지기까지는 노력이 더 필요했어요. 내 손에 가진 걸 나눠 주는 게 쉽지는 않거든요. 혼자서 먹던 케이크를 나눠 먹으려면 아깝잖아요.

민주주의를 받아들인 공동체에서는 어느 한 사람만이 아닌 우리 모두가 주인으로 여겨져요. 하지만 원래 주인처럼 굴던 사람은 이 말을 싫어하겠지요. 자신이 혼자 가지고 있던 힘, 바로 공동체의 중요한 일을 결정하는 힘을 나눠 주기 싫을 거예요. 휴, 사람 욕심이란…….

그렇다고 케이크를 혼자 다 먹었다간 배탈이 날 수도 있어요. 뭐든 함께 나눠 먹을 때 더 맛있어요. 게다가 케이크가 원래 모두의 것이었다면, 혼자 먹으려 고집을 피우는 행동은 도둑질과 다름없지요. 그래도 욕심을 부릴 사람은 끝까지 고집을 피웁니다.

옛날이야기부터 시작해 볼게요. 원래 조선 시대까지 우리나라에는 왕이 있었어요. 대한제국 때는 황제가 있었고요. 왕이든 황제든 백성을 다스리는 사람이에요. 공동체의 중요한 결정을 혼자서 하지요. 조선 말기에 일제의 침략으로 우리는 식민지가 되었어요. 일본의 천황이 우리 땅을 지배하고, 모든 것을 결정하게 됐어요.

민주주의를 향한 여러 도전 중 중요한 하나는 바로 3·1 운동이에요. 처음 방문한 헌법의 마음 숲에서 봤듯이 우리는 3·1 운동을 통해 우리의 독립을 외쳤어요. 나아가 처음으로 왕을 거부하고 시민이 만드는 나라를 추구하기도 했어요. 왕이 아니라 우리 모두가 주인이니까, 공동체의 중요한 결정을 시민들이 스스로 결정하기를 원했지요.

3·1 운동 전후로 나라 안팎에서 임시 정부가 만들어졌어요. 여러 임시 정부가 변신 로봇처럼 합체해 중국 상하이에 대한민국 임시 정부가 탄생했지요. 대한민국 임시 정부는 민주주의 정치 체제를 갖췄어요. 국민이 주인이 되고, 국회가 국민의 대표 역할을 했어요. 이 체제는 나라를 되찾고 대한민국 정부가 만들어진 뒤에도 이어졌어요.

하지만 케이크를 사이좋게 나눠 먹지 않는 일도 발생했어요. 우리 민주주의는 끝까지 혼자서만 먹겠다고 떼쓰는 사람들에게 저항해야만 했어요. 이러한 민주화 운동 중에 대표적인 것들을 살펴보기로 해요.

우선 우리 헌법 전문에서 말하는 4·19 혁명이 당연히 중요하고요. 그다음에 이어진 5·18 광주 민주화 운동, 지금의 헌법을 만든 계기가 된 6·10 민주화 항쟁도 중요해요.

많은 민주화 운동이 우리나라에서 일어났어요. 아래 장소들은 민주화 운동과 어떤 관련이 있는지 부모님이나 선생님 또는 친구들과 함께 얘기를 나눠 봅시다.

● 국립 4·19 묘지

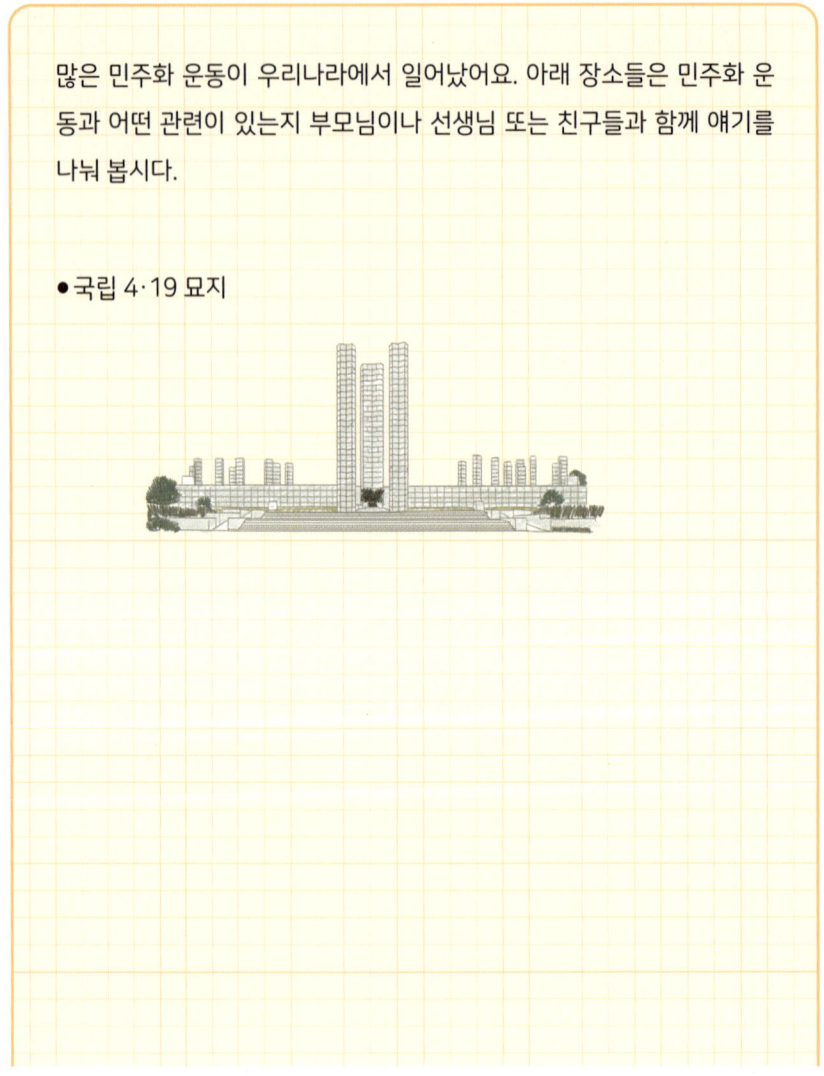

• 명동 성당

• 전남 도청

바위를 뚫는 물방울 이야기

'계란으로 바위 치기'라는 속담을 들어 보았나요? 바위는 계란보다 훨씬 단단해요. 바위와 계란이 부딪치면 계란이 깨지기

마련이지요. 그래서 이 속담은 불가능하거나 어려운 일을 가리켜요. 하지만 다르게 쓰일 때도 있어요. '낙숫물이 바위 뚫는다'는 말도 있잖아요. 민주주의를 향한 우리의 열망은 조금씩 바위를 뚫는 물방울과 같았답니다.

1960년 4월 19일 국민들이 민주화, 친일파 청산을 요구하며 시위를 벌였어요. 우리의 첫 대통령 이승만은 권력을 독차지하고 싶어서 억지로 헌법을 바꿨어요. 개헌안을 통과시키는 데 필요한 표 중 한 표가 부족해 국회에서 통과가 안 되자, 필요한 표 수를 하나 줄여 개헌안을 통과시켰어요. 이걸 사사오입 개헌이라고 해요.

또 이승만은 정치적 경쟁자인 조봉암을 간첩으로 몰아 숙청하고 이를 비판하는 국민들을 탄압했어요. 그리고 투표함도 빼돌려서 부정 선거를 합니다. 이것을 3·15 부정선거라고 해요.

이에 시민들이 항의했고, 경찰은 폭력적으로 진압했어요. 그러다 시위에 참여한 뒤 실종된 고등학생 김주열이 마산 앞바다에서 죽은 채로 발견되면서 혁명이 터지고야 맙니다.

이승만 정권은 무력 진압으로 맞섰고 많은 시민이 다치거나 죽었답니다. 그래도 시위가 거세지자 4월 26일, 이승만은 하야를 선언합니다. 국민이 승리한 거예요.

이제는 정치 권력, 즉 케이크가 모두의 것이 되었을까요? 안타깝게도 우리의 민주주의는 그리 호락호락하지 않았답니다. 이승만 대통령은 물러났지만, 같은 해 5월 16일 박정희 소장이 쿠데타를 일으켜 대통령이 되면서 독재가 계속 이어졌어요.

1979년 박정희 대통령이 총에 맞아 죽음으로써 18년의 긴 독재가 끝났어요. 하지만 군인들이 쿠데타를 일으켜 다시 정권을 잡았어요. 국민들은 다시 들고 일어났지만, 군인들은 국회에 탱크를 배치하고 대학 문을 닫았어요. 정치인들도 잡아갔어요.

1980년 5월 18일 학교에 들어가려는 전남대 학생들을 군인들이 너무 과격하게 막았어요. 그 소식을 들은 시민들은 거리로 나와 항의했지요. 전두환의 쿠데타 세력은 시민들에게 발포 명령을 했어요. 그러고는 언론을 조작해서 북한 간첩들이 시민을 홀려 폭동을 일으켰다고 선전했어요. 결국 민주화 운동은 그 뜻을 이루지 못하고 끝났어요. 그리고 전두환은 대통령이 되어 공포 정치를 펼쳤어요.

그렇지만 민주주의를 외치는 목소리는 사그라들지 않았어요. 국민들의 불만은 1987년 박종철 고문치사 사건으로 다시 불붙었지요. 국민들은 헌법을 고쳐서 직접 대통령을 뽑고 싶었어요. 그러면 독재의 시대도 끝날 것이라 생각했어요. 이것을 6·10 민주화 항쟁이라 불러요. 결국 전두환 대통령은 물러났고, 국민의 뜻에 따라 헌법도 고칠 수 있었어요. 이때 고친 헌법은 지금까지 이어지고 있어요.

계란이, 낙숫물이 그렇게 총과 무력을 이겼답니다. 하지만 민주주의는 언제나 우리가 가꿔 나가야 해요. 한 번의 민주화 시도로 모두 바뀌는 것이 아니라, 다음 시도가 필요했던 것처럼요. 민주주의를 가꾸어 나가기 위해 우리는 앞으로 어떤 노력을 해야 할까요?

고양이 목에 방울 달기

『고양이 목에 방울 달기』라는 이솝 우화를 알고 있지요? 생쥐들이 고양이가 가까이 오기 전에 도망치려고 회의하는 내용이에요. 생쥐들은 고양이 목에 소리가 나는 방울을 달면, 고양이가 멀리 있어도 방울 소리를 듣고 대비할 수 있을 거라고 생각했어요. 하지만 누구도 고양이 목에 방울을 달 용기가 없었답니다.

 민주주의는 정치 원리이지만 생활 속에서도 많이 쓸 수 있는 말이에요. 공동체의 중요한 일을 다 함께 결정하는 민주주의는 '함께 결정'하는 모든 상황에 어울리거든요. 예를 들면 유튜브 음악 채널의 크리에이터가 한강에서 버스킹을 하려고 할 때 실시간 방송을 통해 구독자들과 함께 결정할 수 있고요. 또 수학여행에서 춤, 연극, 노래 중 무엇으로 반별 장기 자랑을 나갈지 정할 때도 의견을 함께 나눠요. 생쥐들이 회의를 열었던 것처럼요.

다시 돌아와서, 생쥐들의 민주적 결정은 무엇이 문제였을까요? 고양이 목에 방울을 달면 좋지만, 방울 달기가 어렵다는 걸 놓친 점이 문제였겠지요. 민주적 의사 결정에서는 사실이나 의견이 옳은지 따져 봐야 해요. 이것을 '비판적 태도'라고 해요. 생쥐들은 비판적 태도가 부족했어요.

고양이 목이 아니라 꼬리에 방울을 달면 어떨까요. 얼굴보다 꼬리의 움직임이 더 크니까 방울 소리도 더 잘 날 것 같아요. 그렇다면 이런 의견을 낸 생쥐가 다른 생쥐의 의견을 무시할 수 있을까요? 그렇지 않아요. 나와 다른 의견도 인정하고 받아들이는 태도가 필요하니까요. 이것을 관용이라고 해요. 또 이야기가 평행선을 달리지 않도록 서로 배려해서 협의하는 자세, 즉 양보와 타협이라는 태도도 필요해요. 이런 것들이 민주적 자세랍니다.

실제로 민주적 결정을 할 때는 다수결로 정하는 경우가 많아요. 이번 장을 시작하면서 민주주의는 정답을 찾는 게 아니라 우리가 원하는 걸 찾는 거라고 말씀드렸지요? 정답이 없으니 더 많은 사람의 뜻을 따르는 편이 더 좋을 수 있어요. 하지만 정답이 없으니 더 적은 사람의 의견이 틀린 것도 아니에요. 그러니까 소수의 의견도 최대한 존중해 주는 자세가 필요하답니다.

그리고 국가 운영처럼 많은 사람이 관련된 일은 함께 토론하고 결정하기가 쉽지 않아요. 또 너무 전문적인 내용을 결정해야 해서 비판적 태도로 참여하기 어려울 수도 있어요. 그래서 국회 의원이 국가의 중요한 문제를 국민들을 대신해 결정한답니다. 그렇다고 우리의 결정권이 없는 건 아니에요. 우리는 국회 의원을 뽑을 수 있거든요. 국회 의원이 어떻게 활동하는지 지켜보고, 우리 의견을 국회 의원에게 전달할 수도 있고요. 누구나 케이크를 혼자 먹고 싶은 욕심을 가지고 있고, 우리 몫은 스스로 지켜야 하기 때문에 투표와 참여는 필수예요.

다음은 민주주의를 언급한 헌법의 조문들이에요. 천천히 읽어 본 다음 '민주'가 들어간 곳에 색칠해 봅시다.

전문
……불의에 항거한 4·19민주이념을 계승하고, 조국의 민주개혁과 평화적 통일의 사명에 입각하여 …… 자율과 조화를 바탕으로 자유민주적 기본질서를 더욱 확고히 하여……

제1조 ① 대한민국은 민주공화국이다.

제4조 대한민국은 통일을 지향하며, 자유민주적 기본질서에 입각한 평화적 통일 정책을 수립하고 이를 추진한다.

제8조 ② 정당은 그 목적·조직과 활동이 민주적이어야 하며, 국민의 정치적 의사형성에 참여하는 데 필요한 조직을 가져야 한다.

제32조 ② 모든 국민은 근로의 의무를 진다. 국가는 근로의 의무의 내

용과 조건을 민주주의원칙에 따라 법률로 정한다.

제119조 ② 국가는 균형있는 국민경제의 성장 및 안정과 적정한 소득의 분배를 유지하고, 시장의 지배와 경제력의 남용을 방지하며, 경제주체간의 조화를 통한 경제의 민주화를 위하여 경제에 관한 규제와 조정을 할 수 있다.

제119조를 읽고 경제 주체끼리 민주주의가 필요한 이유를 생각해서 적어 봐요. 힌트는 다음 장에서 방문할 마을에 있어요!

~ 셋째 마을 ~
허생의 섬

#여의도 아님 #경제 가 볼 만한 곳

#바다가 불러 주는 자장 노래

#멈추면 비로소 보이는 것들

#플라스틱 프리 #탈육식

치킨 한 마리로 세상 읽기

물고기는 계속 헤엄칩니다. 춤추는 민주주의의 동굴에서 서쪽으로 가면 작은 섬이 있는데 그리로 가네요. 여행길도 조금 익숙해지고 여유가 생기지요? 배도 슬슬 고파 오니 먹는 이야기를 하며 길을 계속 가 봅시다.

음……. 대한민국의 대세, 치느님 이야기로 시작해 볼까요? "가게에 가서 양념 치킨 한 마리를 사서 집으로 가지고 갔다." 우리 일상에서 매우 익숙한 이 상황을 가만히 곱씹어 보려 합니다. 근데 함께 여행을 떠난 우리들 말고는 사람들을 못 만나니까 사람이 조금 그리워지네요. 치킨 얘기만 하지 말고 사람 이야기를 같이 해 보지요.

이 상황을 만들기 위해 몇 사람이 필요했을까요? 그들은 누구이며, 어떤 역할을 했나요? 무엇을 주고받았죠? 생각이 많아지죠? 이걸 생각 그물로 정리해 봐요.

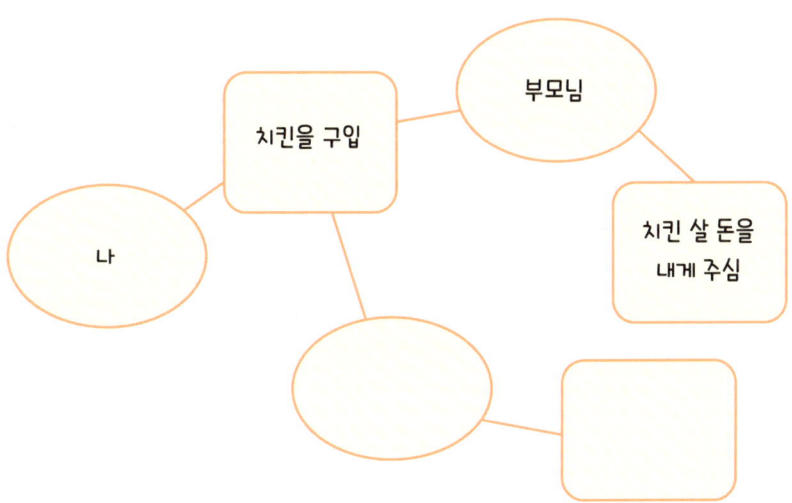

생각 그물을 그려 보니 꽤 많은 사람이 등장하고, 각자 역할을 하고 있지요? 이처럼 우리는 많은 사람과 다양한 관계를 맺으며 살고 있어요. 이번 장에서는 경제 활동을 중심으로 사람들 사이의 관계를 살펴보려고 해요. 경제란 물건이나 서비스를 만들어 내고, 구매하고, 나누는 활동을 말해요. 조금 정리된 표현으로 바꾸면 재화와 용역을 생산·소비·분배하는 활동이 경제입니다.

지금 자신을 거울에 비춰 보세요. 아, 여행 중이라 큰 거울이 없군요. 집에서 전신 거울로 비춰 본다고 상상해 보세요. 예쁜 옷과 안경, 나를 비추고 있는 거울, 그 뒤로 보이는 책상, 이 모든 것이 있는 내 방. 우리 집 어느 하나 내가 만들어 낸 것은 없어요. 내 몸 하나 빼고 모든 게 경제 활동의 결과예요. 누군가가 생산한 것을 부모님이나 내가 구입했기 때문에 내 손에 들어온 것들이니까요.

경제 활동에 참여하는 주체는 가계, 기업, 정부예요. 가계는 경제 활동을 중심으로 가족을 바라본 것이고요. 보통 물건을 사는 역할을 하죠. 소비 주체인 가계로서는 '싸고 좋은' 물건을 사는 게 중요해요.

기업은 주로 생산을 해요. 장난감을 파는 회사, 유튜브 채널을 운영하는 팀 같은 것이 기업이에요. 물건이나 서비스를 만들어 내서 이윤을 남겨요. '남는 장사'인지 아닌지가 중요하죠.

가계에게 중요한 '싸고 좋은' 물건을 사는 것과 기업에게 중요한 '남는 장사'를 하는 것은 사실 같은 말이에요. 최소한의 노력이나 돈을 들여 가장 좋은 것을 얻으려는 것이니까요. 이처럼 적은 비용으로 큰 만족감을 얻을 수 있도록 선택하는 것을 합리적인 선택이라고 해요.

그렇다면 정부는 어떤 역할을 할까요? 헌법을 보면 알 수 있어요. 헌법 전문에서는 경제에 대해 이렇게 말해요. 경제 영역에서 모두에게 균등한 기회를 주고, 국민의 생활을 균등하게 높이자고요. 헌법 조문을 더 들여다보면 '경제의 민주화'라는 말도 나와요. 민주주의가 정치를 넘어 경제에도 도달한 것이에요.

이제 알겠지요? 헌법에 나타나 있듯이 정부는 경제 활동이 잘 이루어지도록 정책을 만들어요. 기업과 가계가 생산과 소비를 활발히 하고 있는지, 올바른 경제 행위를 하고 있는지, 다른 문제는 없는지 살피다가 고쳐 줘요. 경제 활동은 일상에서 큰 비중을 차지하는 만큼 문제를 제때 제대로 고치는 것이 중요하겠지요?

허생전을 어떻게 볼까?

물고기의 먹방 찍는 내공이 점점 커지네요. 이번엔 한 번에 네 개를

먹었어요. 정의, 자율과 조화, 경제 (영역에 있어서) 각인의 기회를 균등히, 국민생활의 균등한 향상은 무엇을 의미하는 걸까요? 그것은 우리가 경제 활동을 하면서 우리의 선택이 최대한 존중받고, 또 경쟁에서 밀린 사람들도 인간답게 살 수 있도록 국가가 도와줘야 한다는 뜻이에요.

그 이야기를 하려면 『허생전』이라는 고전 소설 이야기부터 해 보면 좋겠네요. 허생전은 조선 시대 양반인 허생이 장사로 돈을 많이 버는 내용이에요. 원래 허생은 글만 읽고 집에 아무 보탬이 안 되는 사람이었어요. 그러다 부인의 성화에 못 이겨 집을 나와 큰돈을 벌지요. 어떻게 돈을 벌어들이는지 볼까요?

허생은 한양 최고 부자인 변 씨를 찾아가 대뜸 큰돈을 빌려요. 그 돈으로 과일을 모두 사들이죠. 그 바람에 사람들이 과일이 없어 제사를 못 지내게 돼요. 이때 허생은 가지고 있던 과일을 비싼 값에 내다 팔아요.

여기서 끝나지 않습니다. 허생은 벌어들인 돈으로 말총을 모두 사들였어요. 말총은 상투 머리에 쓰는 망건의 재료인데, 이게 없으니 선비들은 난처해졌어요. 허생은 다시 말총을 비싼 값에 내다 팔아요. 그리하여 섬을 하나 살 정도로 큰돈을 모읍니다.

오호! 이제 어떻게 돈을 벌어야 하는지 알겠나요? 여러분도 허생처럼 하면 돈을 많이 벌 수 있어요. 적은 자원으로 최고의 만족을 얻는 합리적인 선택이지요.

하지만 허생의 경제 활동에 관련된 많은 사람은 어떻게 됐을까요? 제사를 못 지내 조상님을 모실 수 없는 아픔, 상투를 틀지 못하는 당혹감,

이런 것들을 물건의 가격을 높이기 위해 참아야만 할까요? 그렇지는 않겠지요.

허생은 경제적 합리성에만 빠져서 다른 중요한 가치를 놓친 거예요. 도덕, 공정함 같은 것들을요. 바로 이런 지점에서 국가가 개입하는 것이지요.

다른 예를 들어 볼게요. 여러 회사가 다 같이 갑자기 음료수 가격을 올려 버리면, 목이 마를 때마다 소비자들은 비싼 값으로 음료를 사야 해요. 허생처럼 경쟁자 없이 혼자서 물건을 팔게 되면 이런 문제가 심해지죠. 또 평범한 약을 마치 만병통치약이라도 되는 것처럼 광고하면, 안 사도 될 물건을 사는 경우가 생기겠지요. 이런 공정하지 못한 거래들을 국회에서 만든 법에 따라 정부가 규제해요.

그럼 기업들이 서로 짜고서 물건값을 높이거나 거짓말로 광고를 하지 않으면 모든 문제가 사라질까요? 그러니까 그냥 열심히 사는 것은 문제가 안 될까요? 다음 사례를 보며 이야기해 봐요.

대형 할인점을 지나다 보면 "매월 둘째, 넷째 일요일은 휴무입니다" 같은 안내문을 볼 수 있어요. 휴일도 없이 열심히 일하는 마트에 정부가 제동을 건 것이지요. 어떻게 된 일일까요? 열심히 일하는 것도 문제일까요?

2012년에 의무휴업이 시작되기 전에는 대형 할인점에 휴무일은 없었어요. 편의점이나 다른 프랜차이즈 점포들처럼 쉬는 날 없이 영업했어요. 날마다 많은 물건을 값싸게 팔고, 경품 행사도 자주 하고, 주차장

등의 편리한 시설도 제공했어요. 그래서 소비자들이 대형 할인점에 몰렸어요. 이것은 합리적인 선택이에요. 하지만 그 결과 재래시장 상인들은 장사가 안돼서 힘들어졌어요.

그래서 「유통산업발전법」을 고쳐서 대형 할인점에 의무적으로 쉬는 날을 만들고, 영업 시간도 제한했어요. 마트가 영업을 안 하는 시간이 늘어나면, 소비자들이 재래시장을 찾을 확률은 높아져요.

하지만 마트가 가져야 할 영업의 자유가 침해됐다고 생각하는 사람도 있었어요. 마트를 꼭 이용해야 하는 소비자에게도 불편한 점이 있었고요. 사건은 헌법재판소까지 왔어요. 2018년 헌법재판소는 영업시간 제한이 헌법을 위반한 게 아니라고 결정했어요.

또 다른 고전 소설인 『별주부전』 이야기도 해 볼까요? 『별주부전』은 거북이가 토끼의 간을 가져다 용왕님께 바치려고 했지만 실패한다는 내용이에요. 다음 그림을 보며 생각을 적어 봐요.

약값이 비싸 약을 못 구하는 사람이 있어요. 국가는 어떻게 도와줄 수 있을까요?

경품 행사에 이름과 주민등록번호를 적게 한 후 이 정보를 보험 회사에 팔았던 회사가 있어요. 회사는 경품권에 작은 글씨로 설명했으니 상관이 없다고 해요. 회사가 잘못한 걸까요? 아니면 글씨를 제대로 읽지 않은 소비자가 잘못한 걸까요?

만약 몸속에 넣었다 뺐다 할 수 있는 간을 팔겠다고 하면, 이런 허위·과장 광고를 어디에 신고해야 할까요?

거북이가 용왕님의 병을 고칠 수 있는 약을 구했어요. 그런데 이 약을 오로지 하나 또는 두 회사에서만 팔면 그것을 뭐라고 할까요?

도전! 경제를 성장시켜라

아까도 얘기했지만, 멀리 태평양 한가운데에 와 있으니 사람들이랑 연락하고 싶네요. 태평양 한가운데에서 인터넷도 안 되고 전화도 안 되니 어쩌지요? 영화에서 보던 것처럼 유리병 편지라도 보내야 할까요?

생각해 보니 우리가 평소에 우체통을 볼 일은 별로 없는 것 같아요. 예전에는 우체통이 많이 있었고 편지도 많이 썼다고 하던데요. 이젠 그렇지 않아요. 공중전화도 마찬가지지요.

그런데 지도 잘 가지고 있지요? 나침반도 잊지 말고 잘 갖고 있어요. 길을 잃으면 안 되니까요. 옛날에는 휴가를 갈 때 자동차에 전국 지도를 꼭 챙겼다고 해요. 요새처럼 스마트폰을 보며 길을 편하게 찾을 수 없었거든요. 가끔 지도를 봐도 길을 모르겠으면 옆을 지나는 차에 길을 묻기도 했대요.

원래 우리는 주로 농사를 짓는 나라였어요. 6·25 전쟁이 터지던 날에도 많은 군인이 휴가를 내고 고향에 내려가 모내기를 돕고 있었다고 해요. 전쟁이 끝나고 국가가 나서 공업을 키웠어요. 1962년 경제 개발 5개년 계획을 세우고 수출에 힘을 쏟았어요. 또 수출하는 기업의 세금을 내려 주는 등 특혜를 주기 시작 했지요.

1973년에는 배나 자동차 또는 플라스틱, 화학 섬유 제품을 생산하는 중화학 공업을 성장시켰답니다. 정부는 관련 연구소도 세우고 기업에 돈도 빌려줬어요. 그 노력에 힘입어 1970년대에 조선 산업이, 1980년대에는 자동차 산업이 크게 성장했어요.

1990년대에는 기업들이 컴퓨터를 개발하고 생산했어요. 가정에도 개인용 컴퓨터가 들어오기 시작했지요. 이에 컴퓨터의 핵심 부품인 반도체가 중요해지면서 반도체 생산도 늘어납니다. 1990년대 후반부터 전국에 초고속 정보 통신망이 설치되고, 정보 통신 기술은 더욱 발달했지요.

2000년대에 들어서며 생명공학, 우주 항공, 신소재 산업, 로봇 산업 등 첨단 산업이 발달했어요. 문화 콘텐츠 산업, 의료 서비스 산업, 관광 산업, 금융 산업 등 서비스 산업도 발달했지요.

앞으로도 경제와 산업은 점점 발전할 것이고, 새로운 통신 수단이나 매체도 발달할 거예요. 여러분들이 쓰고 있는 스마트폰이 언젠가 박물관에 전시될지도 몰라요. 편지나 공중전화처럼요. 그런 날이 되면 우리는 어떤 통신 수단으로 연락하고 있을지, 또 새로운 기기는 어떤 재미를 가져다줄지 한번 상상해 보세요.

그런데 빠른 경제 성장과 함께 새로운 문제도 나타났어요. 그것은 경제 성장에만 관심을 두고 다른 것에 무관심한 탓이기도 해요. 가게에서 치킨을 사 오는 이야기로 다시 돌아가 볼까요? 물건을 팔기 위해 많은 사람들이 노력하고 있다는 사실을 알게 될 거예요.

치킨을 사 먹기 위해서는 닭을 키우는 사람, 도축하는 사람, 배송하는 사람, 요리하는 사람이 있어야 해요. 포장지나 무 절임, 콜라를 만들

때도 마찬가지로 많은 노동이 필요해요.

그런데 오로지 얼마를 팔고 이윤이 얼마나 남았는지만 바라보면, 많은 사람들의 수고를 놓치게 되지요. 이윤을 많이 남기기 위해 노동자들에게 월급을 안 주거나, 살아갈 수 없는 수준으로 주는 일들이 많이 있었어요. 열악한 환경에서 또는 너무 오래 일해서 병에 걸리고 죽는 일도 생겼고요. 그래서 노동법이 생겨났어요.

또 돈을 많이 버는 사람은 계속 잘 벌고, 적게 버는 사람은 계속 못 버는 상황도 수없이 발생했어요. 그래서 어려운 사람들이 생계를 이어 가고 취업을 못 한 사람이 일자리를 찾도록 국가가 도와줬어요. 사회보장법이 점점 발전하게 됐지요.

경제라는 현상은 우리의 모든 관계처럼 많은 사람과 다양한 환경과 연결되어 있어요. 그리고 사람들이 알아서 문제를 해결하기 어려울 때 국가가 법을 통해 손을 내밀어 준답니다. 그러고 보면 민주주의 정치 발전도 경제 발전도 법의 도움을 받고 있지요? 다음 장에서 법과 권리 이야기를 본격적으로 해 봐요.

> 닭은 어떻게 식탁 위로 올라오게 됐을까요? 콜라를 마시고 버린 페트병은 이후 어떻게 처리되고 있을까요? 인터넷을 검색해서 정리해 보고, 어떤 법이 필요한지 생각해 봅시다. 그리고 우리가 할 수 있는 일은 무엇인지 생각해 봅시다.

- 닭이 살아온 과정

- 필요한 법

- 페트병이 처리되는 과정

- 필요한 법

- 우리가 할 수 있는 일

오늘 방송은 여기서 끝낼게요. 그러고 보니 남태평양에 미국 텍사스주 면적의 1.5배에 이르는 쓰레기 섬이 존재한대요. 우리와 함께 가는 물고기가 아까 무언가 먹던데, 플라스틱을 먹은 건 아니었으면 좋겠어요.

넷째 마을
재스민의 사막

#소원을 말해 봐 #인권 #법

#일상 한 컷 #인권 키우기 #열매는 무엇

#깊어져만 가는 열대야

ㅇㄱㄹㅇ ㅂㅂㅂㄱ

 안녕하세요. 셋째 날이 밝았습니다. 오늘은 물고기가 재스민의 사막 쪽을 향하네요. 적당히 쫓아가다가 사막 구경도 좀 해야겠습니다.

 이렇게 이른 아침에 학교를 가면 일상이 메마른 사막 같다고 느낀 적도 있었는데요. 오늘은 진짜로 사막을 지나는군요.

 학교 얘기를 꺼냈더니 또 줄줄이 할 말들이 생각나네요. 제가 사실 마술을 할 줄 알아요. 지금부터 마법을 하나 걸어 볼게요. 이제부터 여러분은 매일 지나던 길이 갑자기 낯설고 신비로워지는 경험을 할 거예요.

 마음을 편안하게 하고 눈을 감습니다. 여러분은 등굣길에 있습니다. 새가 지저귀고 초여름의 햇살이 차가운 아침 공기와 섞여서 푸른 광경을 만들어 냅니다. 흠흠, 원래 말투로 하겠습니다. 우리는 인도를 걸어가고, 도로에는 차가 달리고 있어요. 푸른 신호등일 때 횡단보도로 길을 건너요.

 그런데 큰길을 지나 골목을 걷다 보면 인도와 차도의 구별도 없고, 사람과 차가 섞여서 지나다녀요. 뭐죠? 차도랑 인도 구분이 없으면 어떻게 해야 하지?

 또 신기한 게 있어요. 도로에서 쌩쌩 달리는 차를 보면 지레 겁이 나지요. 누구나 신호등이 없는 곳에서는 횡단보도를 건너지 못한 경험이 한번쯤 있을 거예요. 그런데 그 빠른 자동차가 학교 앞에서는 천천히 달립니다. 다 같은 횡단보도인데 어떤 횡단보도 옆에는 자전거 그림과 함께 점선이 그려져 있어요. 이건 또 뭘까요?

이 모든 것은 법에 규정된 내용을 따른 것이랍니다. 심지어 인도와 차도의 구별이 없는 길에서 사람과 차가 섞여 다니는 것조차도 법으로 정해져 있어요. 어떤 법이냐고요? 바로 「도로교통법」이에요. 「도로교통법」은 안전하고 원활한 도로 교통을 위해 만든 법이에요.

참 신기하지요? 하지만 등굣길의 재발견은 여기에서 끝나지 않아요. 우선 이미 말했듯이 「도로교통법」에서는 학교 근처에서 차량 속도를 제한하고 있지요. 이것을 '어린이 보호구역'이라고 불러요. 그런데 '어린이 식품안전 보호구역'이라는 것도 있어요. 이 구역에서 불량 식품을 팔지 않는 업소를 '어린이 기호식품 우수판매업소'로 정해서 지원해 주고 있어요. 또 학교에서는 커피 같은 고카페인 함유 식품을 팔 수 없어요. 이런 것들은 「어린이 식생활안전관리 특별법」에서 정하고 있어요.

학교에 관한 법도 있을까요? 맞아요. 「초·중등교육법」에서 관련 내용을 정하고 있어요. 학교에 교장 선생님을 두는 것부터, 수업을 주중에 하는 것까지 법의 규율을 받고 있어요. 이쯤 되니 별걸 다 정해 둔다는 생각까지 들지요?

이 이야기를 계속하자면 끝도 없어요. 우리 집이나 학교와 같은 여러 건물은 「건축법」에 따라 지어졌고요. 음수대에서 나오는 물은 「먹는물관리법」의 적용을 받아요. 집에서 사용하는 인터넷은 「정보통신망 이용촉진 및 정보보호 등에 관한 법률」의 적용을 받고 있어요.

우리나라는 약 5000개 정도의 법령을 가지고 있답니다. 지금껏 헌법 먹방 여행을 통해 우리의 정치와 경제에서 법이 중요한 역할을 하고 있다는 걸 알 수 있었어요. 게다가 우리의 일상도 법과 밀접하게 관련되어 있어요. 우리 생활 곳곳이 법과 관련됐다는 실감이 드나요? 평소처럼 지나던 길가에, 건물에, 늘 먹던 음식에 법들이 돌아다닙니다. 뒤를 돌아봐요. 법이 여러분 뒤에 있다가 갑자기 "으아아아아악!!" 농담입니다.

아무튼 오늘날 '법 없이 사는 사람'은 박물관에서나 볼 수 있을 거예요. 법과 관련해서 일상을 보니 일상이 새롭게 보이지요? ㅇㄱㄹㅇ ㅂㅂㄱ

이 책의 맨 마지막 쪽에는 다음과 같은 글귀가 있어요. 어떤 법이나 규칙에 따른 것인지 찾아볼까요? 국가법령정보센터 홈페이지에서 아래 번호를 매긴 부분의 어떤 낱말을 찾아 입력하면 해당되는 법이나 고시가 나올 거예요.

① 이 책은 저작권법에 따라 보호받는 저작물이므로 무단 전재와 무단 복제를 금지하며, 이 책 내용의 전부 또는 일부를 이용하려면 반드시 저작권자와 ㈜씨드북의 서면 동의를 받아야 합니다.

② 이 도서의 국립중앙도서관 출판예정도서목록(CIP)은 ISBN·ISSN·납본 시스템 홈페이지(http://seoji.nl.go.kr)와 국가자료종합목록 홈페이지(http://www.nl.go.kr/kolisnet)에서 이용하실 수 있습니다.

③ 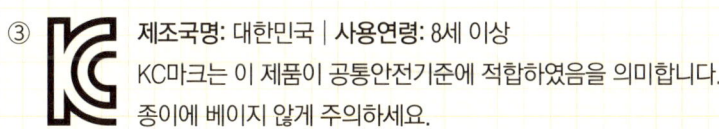 **제조국명**: 대한민국 | **사용연령**: 8세 이상
KC마크는 이 제품이 공통안전기준에 적합하였음을 의미합니다.
종이에 베이지 않게 주의하세요.

재스민과 하킴의 법

　일상뿐만 아니라 우리가 즐겨 보는 디즈니 애니메이션 속에도 법이 등장하고 있답니다. 그 이야기를 하기 위해 〈알라딘〉을 불러오겠습니다. 아마 〈알라딘〉을 모르는 사람은 없을 거예요.

　〈알라딘〉은 거리의 도둑이었던 알라딘이 램프의 요정 지니의 마법으로 왕국을 위기에서 구하고 재스민 공주와 사랑을 이루는 이야기랍니다. 물론 이야기 속에는 그 과정에서 나타나는 많은 재미와 감동이 있지요.

　그런데 알라딘 이야기에 등장하는 재스민과 하킴은 법 때문에 고민에 빠지게 됐어요. 재스민 공주는 원하는 일을 할 능력이 있는데도 법 때문에 그 일을 할 수 없었고, 결혼도 마음대로 할 수 없었거든요. 또 하킴은 나라를 훔친 사람에

게 충성해야 하는지 고민하게 됐답니다. 어떻게 된 일인지 알아볼까요?

〈알라딘〉의 배경인 아그라바 왕국의 술탄, 즉 왕은 재스민 공주의 결혼을 바라고 있었어요. 그래서 이웃 나라 왕자와 결혼시키려고 노력합니다. 재스민 공주는 나라를 이끌 만큼 충분히 똑똑하고 용맹했는데도 남자만 술탄이 될 수 있다는 '법과 규칙' 때문에 풀이 죽습니다. 게다가 공주와 알라딘은 서로 마음이 있는데도 결혼할 수 없었습니다. 법에 따라 공주는 반드시 왕자와만 결혼할 수 있기 때문이었죠.

술탄에게 충성하고 나라를 지키는 최고 군인인 하킴은 나라를 자기 것으로 만들려는 자파를 감옥에 가두면서 '법은 법'이라고 말하지요. 하킴은 누구에게 권력이 있든지 법은 지켜져야 한다고 말한 거예요. 이후에 하킴은, 감옥을 탈출해서 지니의 마법으로 술탄 자리를 빼앗은 자파에게 충성하게 돼요.

사실 우리도 법이 있어서 불편할 때가 있어요. 길에 차가 한 대도 없는데 횡단보도 앞에서 신호를 기다려야 한다니요. 「도로교통법」은 꽉 막힌 구석이 있어요.

그럴 때면 "악법도 법이다"라는 말이 떠오르는데요. 과연 그럴까요? 그렇지 않습니다. 악법은 법이 아니지요. 하지만 중요한 것은 불편하다고 무조건 악법은 아니라는 거예요. 내가 불편을 참을 만큼 정당하다면 좋은 법이랍니다. 도둑질을 금지하는 형법이 있어서 범죄자는 불편을 겪어요. 그렇다고 도둑질을 처벌하지 말자고 할 수는 없는 것과 마찬가지랍니다. 그래서 법을 보는 우리들의 안목이 중요해요.

재스민 공주에게 필요한 기본권은 무엇일까요? 우리 헌법대로라면 재스민 공주는 다음 기본권을 침해당했다고 볼 수 있을 거예요. 침해당한 기본권 조항을 함께 읽어 보고 아그라바 왕국의 법이 어떻게 바뀌어야 할지 생각해 봐요.

제10조 모든 국민은 인간으로서의 존엄과 가치를 가지며, 행복을 추구할 권리를 가진다. 국가는 개인이 가지는 불가침의 기본적 인권을 확인하고 이를 보장할 의무를 진다.

제11조 ① 모든 국민은 법 앞에 평등하다. 누구든지 성별·종교 또는 사회적 신분에 의하여 정치적·경제적·사회적·문화적 생활의 모든 영역에 있어서 차별을 받지 아니한다.

제25조 모든 국민은 법률이 정하는 바에 의하여 공무담임권을 가진다.

내 품위를 지켜 주는 법

우리는 방금 기본권에 대해 살짝 말해 봤어요. 기본권은 '기본적 인권'을 말해요. 기본적인 것은 가장 중심적이라는 뜻으로 이해할 수 있어요. 그렇다면 인권은 무엇일까요? 법을 이야기하다가 인권 이야기를 꺼내는 이유가 궁금하지요? 법은 인권을 보장하기 위한 것이에요. 그래서 인권을 알면 '좋은 법'과 '나쁜 법'을 보는 안목이 생겨요. 우리의 헌법 전문도 다음과 같이 말해요.

정치·경제·사회·문화의 모든 영역에 있어서 각인의 기회를 균등히 하고, 자유와 권리에 따르는 책임과 의무를 완수하게 하여

히야~ 우리 물고기가 나날이 발전합니다. 이젠 긴 문장을 그대로 삼키네요. 마침 물고기가 중요한 문장을 먹었으니 이야기를 계속해 봅시다. 그나저나 방금 물고기가 트림한 건 아니죠?

인권은 인간이기 때문에 당연히 누리는 권리를 말해요. '기회를 균등히' 하기 위한 평등권도 중요한 인권이고요. 또 많은 '자유와 권리'가 인권으로 보장되고 있어요. 이 모든 것을 보장한다는 것은 달리 말해서 여러 가능성 중 무언가를 내가 스스로 선택했다는 뜻이기도 해요. 그래서 '책임과 의무'는 '자유와 권리', 즉 인권의 짝꿍이 된답니다.

이러한 인권은 막무가내로 이기심만 채우는 것과는 달라요. 인권을 주장하려면 어떤 조건이 필요할까요? 우선 상대방이 내 인권을 지켜 줘야 해요. 나는 상대방의 인권을 지켜 줘야 하고요.

'나의' 인권을 말하기 위해서는 무엇보다도 '너의' 존재가 필요해요. 나의 인권을 말하는 것은 이미 '우리' 속에 있는 너와 내가 서로 의존하고 영향을 미치기 때문에 가능해요. 또 이것이 가능해지려면, 인권이 보장돼야 한다는 것을 '우리'가 받아들여야 하죠. 그래야 인권을 말할 수 있어요.

그렇게 우리 가운데에서 인권은 쑥쑥 자라났어요. 1789년 프랑스 혁명을 시작으로 봉건 질서가 무너지고, 인권의 떡잎이 모습을 드러냅니다. 이때 혁명을 주도한 세력은 돈이 있는 백인 남성들이었어요. 이들을 '부르주아'라고 불러요.

인권의 떡잎은 소극적 자유였어요. 내 생명, 내 자유, 내 재산을 국가가 함부로 건드려선 안 된다는 게 인권의 핵심이었어요. 18세기는 봉건 질서에서 왕과 귀족의 입맛대로 불필요한 세금을 내야 했고, 자유로운 선택을 할 수 없던 시절이에요. "내 일은 내가 알아서 하니 국가는 치안이나 신경 써라"라는 요구가 필요한 시기였지요.

하지만 우리 교실에서 볼 수 있듯이 우리는 똑같은 상황 속에 있지 않아요. 신체 조건, 지능, 가정 환경, 경제적 풍요 등 많은 것이 다르답니다. 그렇게 벌어진 격차는 점점 더 커지게 마련이지요. 그래서 자유의 떡잎은 빈부 격차를 심각하게 만들었답니다.

이제 우리에게 필요한 것은 무엇일까요? 다시 국가의 개입이 필요해졌어요. 자유롭게 경쟁하다가 넘어지면 일으켜 주고 치료해 줄 국가가 필요해졌어요. 그래야 경쟁도 가능하니까요. 그렇게 해서 '사회권'이라는 인권의 본잎이 세상에 나타났어요.

인권의 꽃봉오리는 아이러니하게도 세계를 고난으로 몰아넣었던 세계 대전을 겪으며 피어오릅니다. 제1·2차 세계 대전을 거치며 인류는 유례없는 대규모 인권 침해를 겪었어요. 또 그 사이에 산업이 발전하며 환경이 파괴됐어요. 그동안 강대국이 만든 식민지 경쟁도 끝날 필요가 있었어요.

그리하여 새로운 인권이 등장합니다. 평화와 환경 그리고 민족의 자결권을 새로 주장하기 시작했고, 또 그동안 받아들인 인권들도 다시 확인하게 됐어요. 세계 대전을 겪으며 인권은 국내적 문제가 아니라 세계적 문제가 되었어요. 인권의 꽃이 피었고, 독일의 철학자인 헤겔이 말했듯이 "꽃봉오리는 꽃에 의해 부정"됩니다.

제2차 세계 대전 이후 여러분도 잘 알고 있는 「아동의 권리에 관한 협약」이 만들어졌어요. 아동 역시 성인과 마찬가지로 존중받아야 할 주체라는 인식이 퍼졌기 때문에 가능한 일이었지요. 이 협약에서는 아동의 생존권, 보호권, 발달권, 참여권을 제시하고 있어요.

이처럼 '우리' 속에서 받아들인 인권은 시대적 상황 속에 쑥쑥 커 갑

니다. 인권이 자라는 데 필요한 양분은 시대적 상황을 반성해야 얻을 수 있어요. 그러다 어느 순간 법은 인권을 꿀꺽 삼킨답니다. 우리 헌법도 인권의 떡잎부터 꽃까지 모두 가지고 있어요.

여러분이 만들어 갈 새로운 시대의 인권은 무엇일까요? 꽃 다음에 맺힐 열매에 대해 항상 생각해 보면 좋겠어요. 「아동의 권리에 관한 협약」도 어느 날 '짠' 하고 나타난 게 아니라 방정환 선생님 같은 분의 노력이 있었고, 우리가 꾸준히 주장했기 때문에 만들어졌던 것이니까요.

> 2019년 유튜브는 만 14세 미만 어린이가 혼자서 유튜브 생방송을 할 수 없다고 정책을 정했어요. 왜 그런 정책이 필요했는지 알아보고, 이것은 「아동의 권리에 관한 협약」에서 정한 아동의 권리 중 어떤 것을 보호한 것인지 생각해 봅시다.

인권을 꿀꺽 삼킨 헌법

우리 헌법도 인권을 꿀꺽 삼켰답니다. 헌법에는 우리가 국민이기 때문에 가지는 기본적 인권과 의무가 적혀 있어요. 또 우리의 국가 기관이 어떻게 만들어지는지도 적혀 있답니다. 이 모든 것은 우리의 질서를 만드는 것이에요. 그래서 많은 법 중에서 헌법을 '가장 기본이 되는 법'이라고 부른답니다.

법을 통해 인권을 보장하는 것은 법치주의의 한 내용이기도 해요. 법치주의란 한 사람이 마음대로 하지 않고, 법에 따라 국가 권력을 사용해야 한다는 원칙이에요. 여기엔 왕의 마음대로 나라가 움직여선 안 된다는 생각이 담겨 있지요. 법은 민주적 절차에 따라 국민의 뜻으로 만드는 거니까 우리의 의지가 담긴 것이에요.

국민에게서 나온 국가 권력을 입법부, 행정부, 사법부가 나눠 담당하는 권력 분립 원칙을 잘 알고 있지요? 이 역시 법치주의의 한 내용이에요. 세 기관은 모두 법을 바탕으로 활동해요. 법을 만들고, 법에 따라 나랏일을 하고, 사건이 생겼을 때 법을 기준으로 재판하죠.

입법부, 사법부, 행정부가 때로는 서로 돕고 때로는 서로 감시해요. 힘이 한곳으로 모이면 힘을 가진 자가 마음대로 휘두를 수 있어요. 권력을 셋으로 나누면 이를 방지할 수 있어요. 그렇게 해서 권력 분립 원칙도 우리의 인권을 보장하게 됩니다.

우리의 권리와 의무를 보장하는 법을 안 지키면 어떤 일이 벌어질까요? 법은 개인의 권리를 보장하고 사회의 질서를 유지해요. 따라서 법을 지키지 않으면, 다른 사람에게 피해를 주게 돼요. 또 질서를 어지럽히게 된답니다.

그렇다면 〈알라딘〉에 나오는 하킴은 어떻게 해야 할까요? 군인은 나라의 지도자인 술탄의 뜻을 따라야 해요. 자파가 반란을 일으켜 술탄을 내쫓고 스스로 그 자리에 앉으면, 군인인 하킴은 그를 따라야 할까요? 하킴은 결국 자파에게서 등을 돌리고 다시 원래 모시던 술탄을 따르기로 해요. 우리는 이 행동을 어떻게 평가할 수 있을까요? 그는 법을 어긴 것이 아닌가요?

거짓말은 나빠요. 그런데 어떤 경우에는 '거짓말'이 필요하기도 해요. 나쁜 사람에게 쫓기는 사람을 숨겨 주려면 거짓말을 해야 하죠.『장 발장』에 나오는 신부님처럼 더 큰 뜻을 가지고 나쁜 사람을 숨겨 주며 거짓말을 할 수도 있고요.

법도 마찬가지랍니다. 틀린 내용은 아닌데, 어떤 경우에는 그 법을 안 지키는 편이 옳은 것 같을 때가 있어요. 어떻게 해야 할까요? 함께 생각해 보면 법을 보는 안목을 높일 수 있을 거예요.

음, 오늘은 여기서 끝낼게요. 물고기가 많이 먹고 소화시키느라 더 움직이지 않네요. 그럼 다음에 또 만나요.

여러분이 하킴이라면 어떤 결정을 할 건가요? 원래의 술탄을 따를지, 아니면 자파를 따를지 말해 보세요. 그리고 어느 쪽이 법에 따르는 행동인지 생각해서 알려 주세요. 어떤 것이 옳은 행동인지도요.

~ 다섯째 마을 ~
통일과 평화의 고원

#전망 좋은 곳 #통일 #평화

#키토 아님 #마추픽추 아님

#지구는 둥그니까 #공항 가는 길

북한 주민은 외국인일까? 🔨

날이 또 밝았습니다. 지금은 낮이에요. 아침에 물고기가 강을 거슬러 올라가길래 따라갔는데, 너무 힘들어서 촬영할 정신이 없었거든요. 그래서 영상을 찍지는 못했어요. 어우, 힘도 좋아. 어떻게 이런 높은 곳까지 거슬러 올라가지? 지도를 보니까 여기는 '통일과 평화의 고원'이라는 곳이에요. 높은 곳에서 보니 세상이 평온해 보이긴 하네요.

여기는 우리가 어제까지 있던 재스민의 사막 북쪽에 있어요. 이 물고기는 이산가족이었나요? 북으로 강을 거슬러 올라가니 갑자기 그런 생각이 드네요.

높은 곳에 있으니 안 보이던 것도 보이고, 또 물고기가 북한 생각도 나게 했으니 잠깐 분단된 우리나라 이야기를 해 보기로 해요. 지금까지 한 이야기는 대부분 남쪽에 있는 대한민국의 이야기였으니까요.

가끔 북한 주민들이 남쪽으로 오는 일이 있지요? 북쪽의 어려운 삶을 벗어나 자유를 찾으러 탈출하곤 합니다. 그런데 조금 궁금해져요. 북한 사람도 난민으로 인정받을 수 있을까요? 어떤 웹툰에서는 재난 상황에서 '북한 난민'이 내려오는 상황을 가정했어요. 북한 주민은 난민일까요?

난민. 한때는 익숙지 않았지만, 2018년에는 여기저기서 들을 수 있던 말이에요. 난민은 기본적으로 외국인이에요. 자기 나라에서는 박해를 받을 수 있어서 다른 나라로 떠나온 사람들이니까요. 그럼 북한을 탈출한 주민을 난민으로 볼 수 있어요. 하지만 법적으로는 북한 사람들도 우리 국민이랍니다.

사실 우리가 북한이라 부르는 그 나라는 법의 세계에서는 '애매'하답니다. 일단 북한 주민은 우리 국민입니다. 우리는 미국인, 중국인과 마찬가지 표현인 '북한인'이라는 말을 쓰지 않아요.

적당한 사례가 하나 떠올랐어요. 예전에 서울 외국인보호소장이 남한에 온 북한 주민을 내쫓은 적이 있어요. 외국인보호소장은 일정한 경우 외국인을 내쫓거든요. 북한 주민은 이것을 취소하라며 소송을 걸었어요. 대법원은 다음과 같이 판결했어요.

> 원고가 북한법에 따라 북한 국적을 취득했다 하더라도, 북한 지역은 대한민국의 주권이 미친다. 북한 지역도 대한민국 영토이다. 따라서 대한민국 주권과 부딪치는 어떠한 국가 단체나 주권을 법적으로 인정할 수 없다.
> ― 대법원의 1996년 판결 중

결국 북한 주민이 소송에서 이겼어요. 북한 주민은 외국인이 아니니까 대한민국 밖으로 내쫓을 수 없어요. 북한에 대한 입장이 어딘가 애매하지요? 헌법재판소도 마찬가지예요. 어떻게 보는지 결정문을 통해 알아봐요.

> 지금 단계에서 북한은 조국의 평화적 통일을 위한 대화와 협력의 동반자이다. 동시에 우리 자유 민주주의 체제를 전복하려는 반국가 단체이기도 하다.
>
> — 헌법재판소의 1997년 결정 중

일단 법원이 그렇듯이 헌법재판소도 북한을 국가로 보고 있지 않아요. 그리고 북한이 친구이면서 적이라고 말해요. 이렇게 애매한 관계가 된 이유는 뭘까요? 여러분이 알고 있듯, 6·25 전쟁 때문이에요. 하지만 지금은 서로 손을 잡고 평화를 향해 나아가려 해요.

엉킨 실타래 풀기

처음에 사이가 틀어진 건 전쟁을 겪으면서였어요. 6·25 전쟁은 일제로부터 해방되고, 남쪽과 북쪽에서 각각 독립된 정부를 꾸린 다음에 일어났어요. 1950년 새벽 북한군은 탱크와 대포를 몰고 쳐들어왔어요. 이승만 대통령은 '국군이 잘 싸우고 있다'고 국민들을 안심시키고, 이틀째 되는 날 몰래 남쪽으로 도망갔어요. 북한군은 3일 만에 서울을 함락해요.

북한군이 잠시 주춤거리는 동안 유엔군이 남한을 도와주기로 하지만, 한반도에 오기까지 시간이 걸렸어요. 그사이 남한군은 계속 밀려서 대구와 부산 등 경상도 일부에만 남았어요.

이때 유엔군이 인천 상륙 작전을 성공하면서 분위기가 바뀌어요. 국군과 유엔군은 서울을 되찾고 이제 북으로 올라가요. 유엔군의 80퍼센트는 미군이었어요. 미국과 대립하는 중국은 미군이 중국 국경까지 올라오니 깜짝 놀라서 군대를 보내요. 이때부터 남한군은 후퇴를 해요. 상황이 반복되며 전쟁이 길어집니다.

우여곡절 끝에 1953년 7월 27일, 전쟁을 시작하고 3년 만에 휴전을 합니다. 국토는 황폐화됐고, 많은 사람들이 희생됐어요. 집, 공장, 논밭이 다 망가졌으니 살길이 막막했어요. 수많은 아이들이 전쟁 중에 부모를 잃고 굶어 죽었어요.

이때부터 사람들 사이에 '레드 콤플렉스'라는 게 생겼어요. 북한이나 공산주의를 상징하는 빨간색을 사람들이 몹시 싫어했어요. 2002년에 한일 공동 주최로 월드컵이 열렸어요. 이때 온 국민이 '붉은 악마'가 그려진 빨간 티셔츠를 입고 응원했지요. 여전했던 레드 콤플렉스를 생각하면 대단한 일이었어요.

하지만 통일은 여전히 쉽지 않아요. 이산가족 상봉을 기다리던 할아버지와 할머니들은 이제 하나둘씩 세상을 떠나고 있어요. 부모님 세대를 거치며 그 감정은 약해졌고, 이제는 통일이 꼭 필요한지 되묻기까지 하고 있어요. '헤어진 가족'이라는 생각이 희미해지면서 통일이 '경제적으로 이익인지 손해인지'가 중요한 이야깃거리로 떠올랐어요.

또 잊을 만하면 군사적 긴장이 높아지는 바람에 우리는 아직 서로를 믿지 못하고 있어요. 이미 여러분도 연평해전, 천안함, 장거리 발사체 이야기를 들은 적이 있을 거예요. 남북한 모두 통일을 염원한다면서 휴전선 걷어 내고 서로 손 한번 잡는 게 왜 이렇게 복잡한 걸까요? 여러분이 이 상황을 극복할 지혜를 모아 주면 좋을 것 같아요.

여러분은 통일이 필요하다고 생각하시나요? 통일이 필요한지 그렇지 않은지, 또 그 이유는 무엇인지 자유롭게 적어 보세요. 그리고 다른 사람들은 어떻게 생각하는지 이야기를 나눠 봅시다.

통일을 이야기하기 전에 우리는 서로를 알아 갈 필요가 있어요. 최근 들어 통일 분위기가 무르익으며 통일 관련 책이 많이 출판됐어요. 일본이나 중국에 대해 알아보듯이, 북한은 도대체 어떤 곳인지 알아보고, 여러분의 생각을 자유롭게 적어 봅시다.

평화적 통일과 민족의 단결

많은 어려움 속에서도 우리의 노력은 헛되지 않았어요. 시간이 흘러 이제는 가끔 이산가족 상봉도 하고 금강산도 갈 수 있게 됐어요. 그렇지만 종종 군사적 위협을 느끼기도 하지요. 서로 못 믿는데 통일이 가능할까 싶을 때도 있어요.

하지만 헌법 전문은 빨리 북한과 화해하라고 해요. 정확히 뭐라고 하냐고요?

조국의 민주개혁과 평화적 통일의 사명에 입각하여 정의·인도와 동포애로써 민족의 단결을 공고히 하고……

물고기야 그렇다 치고, 어떻게 헌법 전문이 여기까지 올라왔죠? 스스로 움직이지 않는 이상 강물을 거슬러 올 수는 없잖아요?! 설정 오류? 절대 아닙니다. 전문에 발이 달렸을 수도 있잖아요. 그만 넘어가고 이야기를 계속해 봅시다.

헌법의 전문뿐만 아니라 본문에도 관련된 규정들이 있어요. 규정들을 모아 볼 테니 빈칸에 들어갈 말이 무엇인지 맞혀 보세요.

> 제4조 대한민국은 _____ 을 지향하며, 자유민주적 기본질서에 입각한 평화적 _____ 정책을 수립하고 이를 추진한다.
>
> 제66조 ③ 대통령은 조국의 평화적 _____ 을 위한 성실한 의무를 진다.

빈칸은 잘 채웠나요? 정답은 '통일'입니다. 대한민국이 평화적 통일을 이루어야 한다고 헌법은 말해요.

하지만 헌법 제3조에서 우리 영토를 '한반도와 그 부속도서', 그러니까 한반도와 그 섬이라고 해서 북한 땅도 우리나라가 되어 버려요. 북한을 친구이면서도 적이라고 하고, 또 북한 주민이 외국인이 아닌 우리 국민이라고 하는 건 이 때문이에요.

참고로 북한도 처음에는 「조선민주주의인민공화국 사회주의헌법」에 수도를 서울이라고 했어요. 지금은 평양으로 바꿨지요. 서로 헌법을 만들면서 '네가 있는 곳도 내 땅'이라 해 버리니 마음이 좀 아프네요.

아무튼 좋은 관계가 되려고 역대 정권에서 많은 노력을 기울여 왔어요. 1972년에는 「7·4 남북 공동 성명」을 통해 처음으로 통일에 대해 이야기했어요. 자주, 평화, 민족대단결을 통일의 원칙으로 만들었어요. 1991년 8월에는 남한과 북한이 동시에 유엔에 가입해요. 같은 해 12월에는 남북의 통일과 관련해 합의한 「남북 기본 합의서」를 만들어요. 남북한은 서로를 인정하고, 상대를 침해하지 않으며, 교류와 협력을 확대하기로 했어요.

2000년에는 김대중 대통령과 김정일 국방위원장이 만나 남북 정상 회담을 열어요. 남북의 정상이 직접 만나 교류한 것은 이때가 처음이었어요. 회담의 결과로 「6·15 남북 공동 선언」이 발표됐어요. 김대중 대통령은 햇볕정책과 이 회담으로 2000년 노벨 평화상을 받아요. 정상 회담 이후 이산가족 상봉, 금강산 관광, 북한의 남한 주최 스포츠 경기 참가 등 교류가 본격적으로 이루어졌어요.

2007년에는 두 번째로 두 정상이 직접 만났어요. 노무현 대통령과 김정일 국방위원장이 만나 「남북관계 발전과 평화번영을 위한 선언」을 발표해요.

2018년에는 남북 교류가 가장 활발했어요. 4월 1일과 3일, 평양에서 남북 합동 콘서트가 열렸어요. 남측에서는 조용필, 이선희, 윤도현, 백지영, 레드벨벳 등이 참여했고, 북측에서는 삼지연 관현악단과 현송월이 참여했어요. 콘서트 이름은 〈봄이 온다〉였고, 정말 봄이 오는 것 같았어요.

이어서 4월 27일에는 세 번째 정상 회담이 열렸어요. 문재인 대통령과 김정은 국무위원장이 만나 「한반도의 평화와 번영, 통일을 위한 판문점 선언」을 만들었어요. 특히 휴전을 끝내고 전쟁을 끝내는 '종전 선언'을 하려고 시도했어요. 진정한 평화로 가는 길이지요.

5월 26일에는 다시 정상 회담이 열려 두 정상이 개성에서 만났어요. 이어서 9월 18일에 평양에서 정상 회담이 열렸어요. 2018년에만 세 번째 열린, 남북 두 정상 사이의 다섯 번째 정상 회담이었어요. 두 정상은 「9·19 평양 공동 선언」을 통해 비핵화를 약속했어요.

 그럼에도 아직 우리는 북한과 완전한 화해를 하지 못했어요. 그렇지만 언젠가 봄이 오겠지요?

관계의 그물망 속 대한민국

 2019년 4월에 세계 무역 기구(WTO)는 후쿠시마산 수산물을 둘러싼 한국과 일본의 사건에 관해 판정을 내렸어요. 2011년에 후쿠시마 핵발전소에서 사고가 발생했거든요. 이 사건으로 아직 많은 사람들이 방사선 노출을 두려워해요. 당연히 그곳에서 나온 수산물도 위험하겠지요.

 한국 정부는 후쿠시마산 수입물의 수입을 금지했어요. 그러자 일본 정부는 2015년 세계 무역 기구에 한국을 제소했지요. 세계 무역 기구는 최종심에서 한국의 편을 들어줬어요. 우리의 수입 금지 조치가 타당했다는 것이에요.

 우리 식탁에 올라오는 농수산물이나 일상에서 쓰는 다양한 물건들은 외국에서 온 경우가 많아요. 정치도 경제도 인권도 외국과의 교류 속에서 커 가고 있거든요. 세계 무역 기구의 이번 결정처럼 농수산물을 수입하느냐 마느냐를 두고 다른 나라와 싸워야 할 때도 있어요. 한 나라 안에서 발생한 방사선 누출 사건이 다른 나라와의 관계에도 영향을 미치는 거예요.

 생각해 보면 우리나라의 이야기에 다른 나라들이 많이 관련되어 있어요. 조선은 중국과의 관계를 중요하

게 생각했어요. 일본이 우리를 침략하자 3·1 운동이 벌어지고, 그 영향으로 임시 정부가 세워졌어요. 임시 정부는 중국의 상하이에 생겼어요. 무장 독립 투쟁은 중국 만주와 소련에서 벌어졌고요.

해방은 우리의 노력과 별개로 일본이 제2차 세계 대전에서 연합군에 패배하면서 이루어졌어요. 공산주의 진영의 소련이 북쪽을, 자본주의 진영의 미국이 남쪽을 관리했지요. 남북이 각각 정부를 수립하고 각기 미국과 소련에 의지했어요.

6·25 전쟁을 준비하며 북한의 김일성은 미리 소련의 스탈린에게 허가를 받고, 중국의 마오쩌둥에게 동의를 얻었어요. 전쟁 과정에서 16개국으로 구성된 연합군이 참여했어요. 휴전하고 남북 관계를 좋게 만드는 데는 미국이나 중국이 일정한 역할을 하기도 했어요.

우리나라가 휘말렸던 전쟁의 소용돌이, 독립을 위한 활동, 정부 수립, 그리고 평화의 길로 나아가는 과정까지 모두 다른 나라와 관련이 있어요. 우리는 세계의 그물망 속에 있었던 거예요.

이번 장 앞부분에서 잠깐 이야기한 난민도 마찬가지예요. 제주도에 난민이 밀려들자 반대하는 사람들도 있었어요. 하지만 우리나라는 아시아 최초로 「난민법」을 만들었어요. 「난민법」에 따라 난민으로 인정받으면 여러 권리를 가질 수 있어요. 이 법은 우리나라가 「난민의 지위에 관한 1951년 협약」과 「난민의 지위에 관한 1967년 의정서」라는 국제법을 지키기로 하면서 만들었답니다.

이 외에도 우리나라는 「세계 인권 선언」, 「시민적 및 정치적 권리에 관한 국제 규약」, 「경제적·사회적 및 문화적 권리에 관한 국제 규약」, 「여성에 대한 모든 형태의 차별 철폐에 관한 협약」, 「모든 형태의 인종 차별 철폐에 관한 국제 협약」, 「아동의 권리에 관한 협약」 등 많은 국제법을 지키기로 했어요. 우리 헌법 제6조는 우리가 지키기로 한 국제법을 존중하라고 해요.

앗! 또 물고기가 무언가를 먹습니다.

교통과 기술이 발달하면서 다른 나라 사람들과 정보와 물건을 수시로 주고받을 수 있게 됐어요. 이제 다른 나라 사람들과 더불어 사는 시대가 온 거예요. 그런 까닭에 국가 간에 문제가 생기기도 하는데요. 이를 해결하고 평화를 유지하기 위해 국제법을 지켜야 해요. 헌법 전문에서는 "항구적인 세계평화와 인류공영에 이바지함으로써……"라고 해요. 헌법 제5조 제1항은 침략적 전쟁을 금지했어요. 친구들끼리 잘 지내야 하듯, 국가들도 평화롭게 지내면 좋겠습니다.

2016년에 KBS2에서 방영한 드라마 〈태양의 후예〉는 전쟁 지역인 우르크라는 가상의 국가에 보내진 군인과 의사들의 이야기를 담았어요. 실제로 우리는 베트남, 레바논, 소말리아, 아랍 에미리트 등에 군대를 보낸 적이 있어요. 그런데 전쟁은 평화를 지킬 수도 파괴할 수도 있어요. 헌법에 위반되지 않는 파병에 대해 여러분의 생각을 자유롭게 적어 보세요. 그리고 다른 사람들은 어떻게 생각하는지 이야기를 나눠 봅시다.

세계로 뻗는 대한민국

우리는 많은 어려움 속에서도 고난을 이겨 내고 국제 사회의 당당한 구성원이 되었습니다. 일제의 침략에 속수무책으로 당하고, 6·25 전쟁 후 미국의 식량 지원을 받아야 했던 처지는 옛말이 되었어요. 우리 기업들은 다른 나라에 가서 경제 발전에 보탬이 되고 있어요. 한국은 세계적 IT 강국이에요. 방탄소년단도, 피겨 요정 김연아도 세계가 알고 있는 한국인입니다.

과거에는 외화를 벌기 위해 독일로 광부와 간호사를 보냈어요. 이제는 우리나라에 외국인 노동자들이 들어오고 있어요. 정치적 망명을 해서 '빠리의 택시 운전사'가 된 지식인도 있었어요. 이제는 자기 나라에서 박해받는 난민들이 한국으로 와요.

하지만 힘을 가지면 그만큼 책임도 더해져요. 외국으로 나간 우리 기

업들은 종종 현지 노동자나 주민들의 인권을 침해해요. 우리는 한국에 온 난민이나 외국인 노동자들을 혐오의 시선으로 바라보기도 해요. 마치 그들이 범죄자라도 되는 것처럼요. 최근에는 넘쳐나는 쓰레기를 필리핀에 불법으로 팔았다가 망신을 당하고 다시 가져오기도 했지요.

이제 우리는 세계에 이름이 알려진 나라답게 성숙한 모습으로 세계를 대해야 해요. 헌법 전문은 우리에게 평화와 화해를 말해 주고 있어요.

그럼 오늘도 함께 여행하느라 즐거웠나요? 이제 고원의 풍경을 즐기다가 눈을 좀 붙일래요. 우리 내일 또 만나요!

마지막 마을
전문과 본문 사이 국경 지대

#사랑은 변하는 거야 #국경의 남쪽_태양의 서쪽

#헌법을 꿀꺽 #사회를 꿀꺽 #홍길동 의문의 1패

#인생 헌법

공주님과 왕자님

이제 마지막 행선지를 향하고 있어요. 우리는 전문과 본문 사이 국경 지대로 향하는 강물에 몸을 맡기고 있어요. 이제 곧 바다로 나갈 거예요. 근데 좀 불안하네요. 물고기는 왜 오늘까지 헌법 전문의 '응가'를 누지 않는 걸까요…….

응가를 기다리고 있자니 갓난아이였을 때의 제 모습이 절로 떠오르네요. 부모님께서 기저귀 갈아 주셔서 이만큼 컸어요. 우리는 모두 우리의 가정에서 공주님이고 왕자님입니다.

그런데 그 사실을 아시나요? 로마 시대에는 자녀가 부모를 '주인님'이라 불렀다고 해요. '아버지를 아버지라 부르지 못하는' 관계는 우리나라에만 있었던 게 아닌가 봅니다.

서울시 종로구 안국역 근처에는 천도교 중앙대교당이 있어요. 그 앞에는 일제 강점기에 우리나라에서 아동 인권 운동을 하셨던 방정환 선생님께서 남긴 말씀이 새겨진 비석이 있어요.

> 어른이 어린이를 내리 누르지 말자.
> 삼십년 사십년 뒤진 옛 사람이 삼십 사십년 앞 사람을 잡아 끌지 말자.
> 낡은 사람은 새 사람을 위하고 떠 받쳐서만 그들의 뒤를 따라서만 밝은 데로 나아갈 수 있고 새로워질 수가 있고 무덤을 피할 수 있는 것이다.
> ― 1930년 7월 어린이인권운동가 방정환

이 글은 헤겔이 말한 꽃봉오리의 비유와 닮았어요. 이미 꽃봉오리에서 꽃으로 나아갔는데, 꽃봉오리의 삶을 고집하면 안 되겠지요. 당연히 떡잎 시절을, 씨앗 시절을 고집해서도 안 되고요. 이제는 새로운 시대의 모습에 맞게 대응해야 하니까요. 그럼에도 씨앗, 잎사귀, 줄기, 꽃은 모두가 하나의 나무였답니다.

그렇게 하나이면서도 변화무쌍하게 모습을 바꾸며 자라는 것은 사회와 법도 마찬가지예요. 이미 우리는 앞에서 사회가 변화하는 모습을 보았어요. 그 모습은 우리 사회의 변화를 법이 꿀꺽 삼켜 반영하고, 또 그렇게 변화한 법을 사회가 꿀꺽 삼켜 반응하는 과정이었지요.

우리의 정치 체제는 세계적인 근대화 물결 속에서 위기를 맞았어요. 우리는 일제 강점기를 거치며 새로운 질서를 모색했고, 그 생각을 공화국과 민주주의라는 모습으로 법에 담았지요. 하지만 그건 이름뿐인 민주주의여서 우리는 독재에 맞서 실질적으로 민주화를 실현했어요.

우리의 경제는 점점 발전하면서 새로운 산업으로 단계를 밟아 나갔어요. 그래서 법도 새로 등장한 대형 할인점 같은 변화에 발맞췄지요. 그에 대한 반발도 있었지만, 우리는 계속해서 함께 살아가는 경제를 꿈꾸었답니다.

이와 함께 인권 의식도 점점 자라났어요. 자유권은 사회권으로, 또 연대권으로 쭉쭉 뻗어 갑니다. 그에 따라 법도 새로운 인권을 보장하고 있지요. 법적으로 보장된 인권을 누리며 우리의 인권 의식은 날로 더 높아져요.

북한과 사이가 틀어졌지만, 우리는 통일을 염원했어요. 헌법도 이런 생각을 담았지요. 계속되는 갈등에도 우리는 헌법에 따라 평화 통일을 추구합니다. 이러한 모든 변화는 한반도에 사는 우리끼리만의 이야기가 아니라 주변 나라들과 상호 작용 속에서 이루어지는 것이었어요. 헌법도 이런 생각을 담았고, 우리는 계속해서 평화를 추구합니다.

못다 한 이야기 🔨

물고기가 무언가 발견했네요. 따라가 봅시다.

뭐죠? 우리 대한민국은? 아! 그렇지 '유구한 역사와 전통에 빛나는' 다음에 나오는 말이에요. 어? '대한민국'이 아니라 '대한국민'이군요!

지금까지 헌법 전문을 곱씹으면서 전문과 관련된 사건과 이야기를 보았어요. 꽤 늦은 감이 있는데 헌법 전문에서 처음 등장하는 표현을 이제야 만났네요. 저처럼 많은 사람들이 이 부분을 잘못 읽는다고 해요. 하하. 저만 그런 게 아니랍니다. 그렇다고요, 흠흠.

이제 전문이 조금 다르게 보입니다. 지금까지 여행하며 알게 된 많은 내용은 대한국민인 '우리'가 말하고 있는 것이었어요. 놀랍지 않나요? 국가의 토대가 되는 헌법의 마음을 대통령이 아닌 평범한 우리 국민들이 만든다는 거잖아요. 이제 전문을 아주 간단히 줄이면 다음과 같아집니다.

> 유구한 역사와 전통에 빛나는 우리 대한국민은 이런저런 마음가짐으로 헌법을 개정한다.

　이어서 헌법 제1조 제1항 '대한민국은 민주공화국이다'를 시작으로 130개 조항이 나와요. 그러니까 우리 헌법 전체가 대한민국 국민이 헌법을 결정하고 외치는 선언문이었던 거예요.

　헌법을 처음으로 만드는 힘은 국민이 가져요. 이 힘을 '헌법 제정 권력'이라고 해요. 국민이 처음으로 만들기 때문에 헌법 제정은 혁명과 짝꿍인 경우가 많아요. 이때 새로운 국가도 탄생해요.

　헌법을 개정할 때에도 국민이 결정적 힘을 발휘해요. 전문을 다시 볼까요? 전문은 이렇게 쓰여 있습니다. "1948년 7월 12일에 제정되고 8차에 걸쳐 개정된 헌법을 이제 국회의 의결을 거쳐 국민투표에 의하여 개정한다." 민주주의 절차에는 실제로 모든 국민이 아니라 일부 정치인들만 참여하는 경우가 많아요. 하지만 헌법의 경우에는 국회에서 정해도, 마지막으로 국민 투표를 해야 해요. 우리가 나라의 주인이라는 점을 다시 확인할 수 있어요.

　헌법은 다듬고 고쳐도 내용이 추상적이에요. 예를 들어 '인간의 존엄'은 좋은 말 같지만, 과연 그게 무슨 뜻인지는 막연해요. 많은 의견이 있을 거예요. 일단 존엄하다는 것은 가치 있게 여기고 존중한다는 뜻이에요. 하지만 존엄하게 여기는 인간은 우리 각자를 가리킬 수도 있고, '이성적으로 판단하는 인간' 같은 특정한 인간상을 가리킬 수도 있어요. 존엄하게 대해야 할 이유 역시 규정만으로는 설명되지 않아요. 인간이 이성적이기 때문이라고 하는 사람이 있고요. 신이 자기 모습대로 인간을 만들었기 때문이라는 사람도 있어요. 역사적 반성 때문에 생긴, 서로 존중하라는 뜻이라는 사람도 있고요.

그래서 일단 헌법을 만들면, 어떤 뜻으로 풀어낼지가 중요해요. 이것을 '해석'이라고 해요. 우리는 인간의 존엄이 가질 수 있는 많은 뜻 중에 어떤 것을 골라야 할까요?

우리나라에서 헌법을 풀어내는 힘은 헌법재판소가 가져요. 법률이 헌법을 어겼을 때, 헌법이 정한 국민의 기본권을 국가 기관이 침해했을 때 헌법재판소는 그것에 대해 판결해요. 해결 기준은 헌법이에요.

헌법 재판은 중요하지만, 우리는 때로 지나치게 헌법 재판에 의존해요. 헌법재판소가 결정하면 그게 옳다고 무심결에 받아들이기도 해요.

그러나 헌법재판소도 우리의 목소리를 먹고 자라요. 헌법재판소의 해석을 꼼꼼히 살피고 고쳐야 할 점을 말해 줘야 해요. 그러려면 우리가 헌법을 아끼고 잘 알아야 해요. 우리 대한국민이 만든 헌법이니까요.

또 우리 스스로 헌법을 지켜 줘야 하는 경우도 있어요. 국가가 헌법을 안 지키면 마지막 수단으로 우리는 저항을 해요. 이것을 '저항권'이라고 불러요. "불의에 항거한 4·19민주이념을 계승"한다는 헌법 전문은 저항권으로 이해돼요. 헌법 제1조 제2항에서 "대한민국의 주권은 국민에게 있고, 모든 권력은 국민으로부터 나온다"고 한 것도 저항권을 뒷받침해요.

우리가 꿈꾸는 나라

한 문장이지만 긴 호흡으로 읽어야 하는 헌법 전문은 짧은 듯 길어요. 단 하나의 문장에 지금까지 살펴본 우리 역사, 현실, 국제 관계가 모두 담겨 있어요. 지난날을 돌아보며 새로 선언하는 헌법 전문을 읽어 보니 어떤가요? 이제 여러분들이 새 헌법을 만들게 될 거예요.

우리 대한국민이 만들고, 고치고, 지켜 나가는 헌법. 앞으로는 어떤 헌법이어야 할까요? 헌법은 국가를 구성하는 법인 만큼, 우리가 어떤 나라를 꿈꾸는지가 중요해요.

물고기가 무언가를 또 삼킵니다. 아직 끝나지 않았군요.

돌이켜 보면 지금까지 우리가 이룩한 헌법과 법령은 나름대로 그 시대의 고민을 담아서 대응한 결과였어요. 지금 세대와 다음 세대의 안전, 자유, 행복을 지키기 위한 것이었지요. 그것은 그 자체로 가치가 있어요.

하지만 우리 헌법이 마지막으로 고쳐진 후로 이미 30년이 넘게 지났어요. 이제는 새로운 시대에 맞는 다른 고민들이 등장했어요. 이것에 답할 준비를 해야 해요. 당연히 헌법을 개정해야 한다는 주장도 꾸준히 제기되고 있어요.

어떤 노력이 있었는지 최근의 헌법 개정안을 보며 생각해 보기로 해요. 2018년에 문재인 정부는 헌법 개정안을 제출했어요. 비록 통과되지는 않았지만, 사회 변화를 많이 반영하고 있었지요. 개정안에는 동물을 보호할 국가의 의무, 아동의 권리를 새로 넣었어요. 전문에 5·18과 부마항쟁을 넣었고요. 개헌 이야기가 나오자 우리들 각자도 입을 열기 시작했어요. 헌법 본문에 난민권을 만들자고 했고, 농민의 권리를 말하기도 했어요.

다른 나라에서는 어떤 노력이 있었을까요? 남아프리카 공화국은 헌법에 집에서 강제로 쫓겨나지 않을 권리를 정했어요. 프랑스는 국회 의원의 남녀 수가 같게 하는 내용을 헌법에 정했어요. 볼리비아와 에콰도

르에서는 '비비르 비엔'을 헌법에 정했어요. 비비르 비엔은 안데스 원주민들의 말로, 자연과 조화를 이루는 삶을 뜻해요. 스위스는 아무 조건 없이 국가가 주는 돈인 '기본 소득'을 헌법에 넣으려 한 적이 있어요.

  이런 생각들은 헌법 본문의 내용이지만 헌법 전문을 읽을 때도 중요해요. 전문이 본문을 감싸 안을 수 없으면 안 되니까요.

  이제 여러분들의 이야기를 듣고 싶어요. 이 글을 읽고 있는 여러분은 어떤 나라를 원하나요? 여러분의 친구들은, 가족들은, 주변 사람들은 어떤 나라를 꿈꾸고 있나요? 함께 이야기해 봐요. 그것이 우리가 함께 만드는 다음 헌법의 전문과 본문일 거예요.

  이렇게 해서 물고기 먹방을 따라다니는 우리의 여행도 끝이 났습니다. 오늘 방송은 여기까지. 다음 시간에 여행 뒷얘기를 나누자고요.

~ 여행 뒷얘기 ~
결코 끝나지 않을 우리들의 이야기

#역대급 반전 #올해 제일 잘한 일

#푸른 하늘 은하수

#보신 분 댓글 좀

우리의 먹방 여행은 힘들긴 했어도 즐거웠어요. 그런데 여행이 끝날 때까지 물고기가 응가를 안 했어요. 어쩌면 좋죠? 설마 소화를 한 걸까요? 어떡하죠? 잠깐, 갑자기 물고기가 힘을 주기 시작합니다.

물고기가 하늘 위로 날아갔어요. 이대로 헌법 전문은 없어지고 마는 걸까요?

아, 눈부셔! 헌법 전문은 더 이상 물고기 배 속에 있지 않아요. 넓고 신비로운 밤하늘 위에서 우리를 비추고 있네요.

하지만 이미 말했듯이 헌법에는 변화가 요구되고 있어요. 심지어 우리가 물고기를 따라 여행하는 사이에도 세상에는 많은 일들이 생겼고, 헌법을 보는 우리의 안목은 더욱 높아졌어요. 그래서 은하수처럼 빛나는 헌법 전문도 변할 준비를 하고 있어요. 이제 우리는 다음 헌법 전문을 꿈꿀 때가 되었어요.

여행을 떠나며 챙긴 나침반, 바로 우리의 꿈과 희망과 용기를 아직 가지고 있지요? 지금 우리에게 필요한 헌법 전문을 만들어 봐요. 그리고 언젠가 헌법 본문의 세계로 다시 떠나요.

그때까지, 안녕.

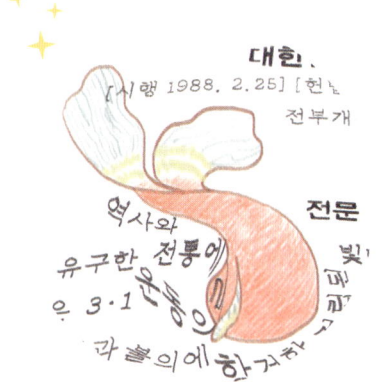

~ 부록 ~
내가 만드는 헌법 전문

#쉿! 너만 알고 있어

#어쩌면 #헌법 전문은 #물고기자리

#우리만 아는 비밀

지금 우리나라에는 어떤 문제가 있나요? 그 문제 때문에 생긴 사건이 있나요?

위의 문제를 해결하려면 어떤 노력을 해야 할까요?

더 좋은 나라를 만들려면 우리가 어떤 노력을 더 해야 할까요?

우리 헌법 전문을 다시 읽어 보면서 떠오르는 생각들을 적어 보세요.

「대한민국헌법」전문
유구한 역사와 전통에 빛나는 우리 대한국민은
3·1운동으로 건립된 대한민국임시정부의 법통과
불의에 항거한 4·19민주이념을 계승하고,
조국의 민주개혁과 평화적 통일의 사명에 입각하여
정의·인도와 동포애로써 민족의 단결을 공고히 하고,
모든 사회적 폐습과 불의를 타파하며,
자율과 조화를 바탕으로 자유민주적 기본질서를 더욱 확고히 하여
정치·경제·사회·문화의 모든 영역에 있어서 각인의 기회를 균등히 하고,
능력을 최고도로 발휘하게 하며,
자유와 권리에 따르는 책임과 의무를 완수하게 하여,
안으로는 국민생활의 균등한 향상을 기하고
밖으로는 항구적인 세계평화와 인류공영에 이바지함으로써
우리들과 우리들의 자손의 안전과 자유와 행복을 영원히 확보할 것을
다짐하면서 1948년 7월 12일에 제정되고 8차에 걸쳐 개정된 헌법을
이제 국회의 의결을 거쳐 국민투표에 의하여 개정한다.

헌법 전문을 참고해서 여러분의 꿈을 담은 새 헌법 전문을 만들어 봅시다.
문장도 읽기 쉽게 바꿔 봐요!

「대한민국헌법」의 새로운 전문

본격 헌법 먹방 여행
헌법을 꿀꺽 삼킨 사회

1판 1쇄 발행 2020년 6월 1일 1판 2쇄 발행 2024년 3월 20일

글쓴이 최정호 그린이 조은정
펴낸이 남영하 편집 김주연 김가원 전예슬 디자인 박규리 마케팅 김영호 변수현
펴낸곳 ㈜씨드북 주소 03149 서울시 종로구 인사동7길 33 남도빌딩 3F 전화 02) 739-1666 팩스 0303) 0947-4884
홈페이지 www.seedbook.co.kr 전자우편 seedbook009@naver.com 인스타그램 instagram.com/seedbook_publisher
ISBN 979-11-6051-318-9 (73360)

글 ⓒ 최정호, 그림 ⓒ 조은정, 2020

이 책은 저작권법에 따라 보호받는 저작물이므로 무단 전재와 무단 복제를 금지하며,
이 책 내용의 전부 또는 일부를 이용하려면 반드시 저작권자와 ㈜씨드북의 서면 동의를 받아야 합니다.

이 도서의 국립중앙도서관 출판예정도서목록(CIP)은 ISBN · ISSN · 납본 시스템 홈페이지(http://seoji.nl.kr)와
국가자료종합목록 홈페이지(http://www.nl.go.kr/kolisnet)에서 이용하실 수 있습니다.
(CIP제어번호: CIP2020021266)

제조국명: 대한민국 | 사용연령: 8세 이상
KC마크는 이 제품이 공통안전기준에 적합하였음을 의미합니다.
종이에 베이지 않게 주의하세요.

• 책값은 뒤표지에 있어요. • 잘못 만들어진 책은 구입하신 서점에서 바꾸어 드려요. • 씨드북은 독자들을 생각하며 책을 만들어요.